むかし、秩父《ちちぶ》の大野原《おおのはら》に、たくさんの狐《きつね》がすんでいた。その中に、しっぽの長さが、三尺《じゃく》（約《やく》一メートル）もある親分狐《おやぶんぎつね》〝おりん〟がいた。

あるとき、おさむらいたちがやってきて、大野原に宿《やど》をとった。ちょうど、春の月のまんまるい晩《ばん》だ。

おりん狐をはじめ、たくさんの狐どもも、こんな春の晩を待ちに待っていた。ちょうど大野原は、いつもとちがって、おさむらいたちだけが、うかれさわいでいた…。

「おりん狐」（二二一ページ）

絵　カバー・口絵…………斎藤政一

読みがたり

# 埼玉のむかし話

埼玉県国語教育研究会編

# はじめに

関東平野《かんとうへいや》のほぼ中央《ちゅうおう》にあって、首都東京《しゅとうきょう》に近く、気候風土《きこうふうど》にめぐまれたところ、それがわたくしたちの郷土埼玉《きょうどさいたま》です。

今は埼玉県という名まえになっていますが、むかしは武蔵国《むさしのくに》と呼《よ》ばれていました。むらさき色にかすむ秩父《ちちぶ》の山やま、それにつづくなだらかな丘陵地帯《きゅうりょうちたい》、広い平野にはいくすじも川が流れ、わが埼玉は、むかしからのどかな、そしてゆたかな「土地」であったようです。

人びとは、遠いむかしから、秩父の山あいや、児玉《こだま》、大里《おおざと》、比企《ひき》、入間《いるま》の丘《おか》の上やふもとに住みついて、畑をたがやし、水田を開いて生活してきました。また、荒川《あらかわ》や利根川《とねがわ》のほとりにも住みつき、船で荷物を運んだり、さかなをとったりしてくらす人もありました。広い平野を流れるいくすじの川や沼《ぬま》の間の草原を切り開いて水田を作り、そこにも人びとは住みつきました。しかし、毎年くり返されるあらしや洪水《こうずい》などがあって、せっかく作った水田も流され、作物もおし流されて、それこそ生活はきびしく、自然《しぜん》との戦《たたか》いはたいへんでした。わたくしたちの祖先《そせん》は、こうして人びととの幸福な生活をきずきあげようと、いのりとねがいをこめて、きびしい自然と社会の中で、それぞれの時代を生きぬいてきたのです。

そうした人たちは、毎日どんな楽しみをもとめて生活をしていたのでしょう。新聞もラジオもテレビもなかった時代の家庭では、お話がたった一つの楽しみでした。一日の仕事が終わり、うちじゅうの人がろばたやこたつに集まり、くりやいもなどを食べながらにぎ

やかな話し合いをしました。そうしたときに、おじいさんやおばあさんは、むかしあったおもしろいお話をしてくれました。山の中の大蛇《だいじゃ》の話や、深いふちにいるカッパのお話でした。また、子どもたちがかしこい人になってくれるように、とんちのきく子どもの話やかしこい人のお話をしてくれました。おかあさんは、ねどこの中で、子どもたちに、「花さかじじい」や「桃太郎《ももたろう》」のお話をしてくれました。

相談《そうだん》ごとに集まる村の人たちの中には話しじょうずの人がいて、力持ちの大男の話や、きつねにばかされた人の話をしてみんなを笑《わら》わせました。

村が発達《はったつ》し、町ができ、交通がさかんになると、国々をまわるあきんど（商人）たちが、いろいろな話をもちこんで、お話の数もふえました。

そうして語り伝えられてきたすばらしいお話も、今の世の中では、清《きよ》らかな川や沼の水がにごり、すみきった空気が消えていくように、だんだん遠くへおしやられていくような気がしてなりません。

そこで、郷土のたいせつな遺産《いさん》ともいえるむかし話を、なんとかして埼玉県や全国の子どもたちに正しく伝え、のちの世に残《のこ》さなければならないと考え、この「埼玉のむかし話」を編集《へんしゅう》しました。

どうぞみなさん、できるだけ多くの人がこの本を読んでください。そして、どんどんほかの人に語り伝えてください。みなさんのだれもが、明るく、強く正しく、心ゆたかな生活ができますようおいのりいたします。

「埼玉のむかし話」編集委員会
埼玉県国語教育研究会

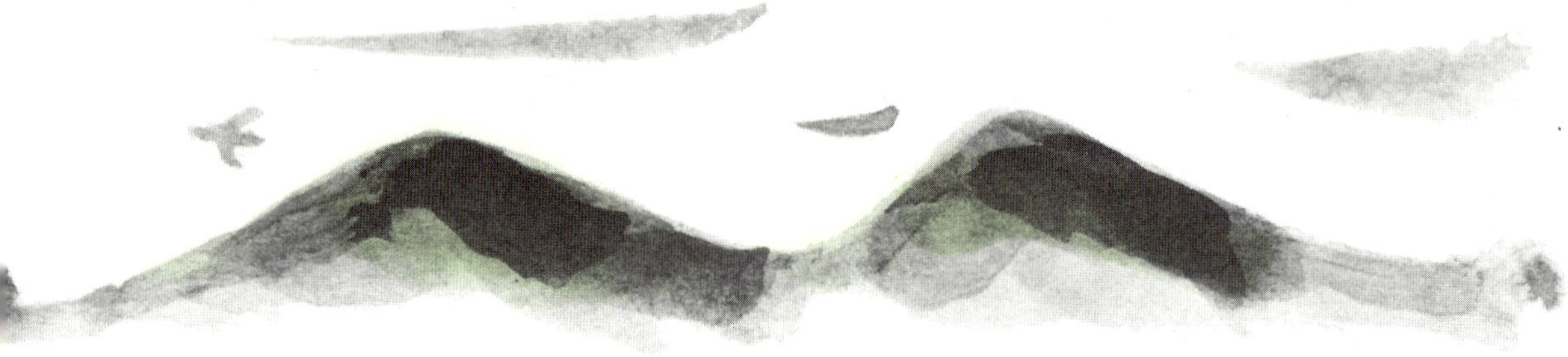

# もくじ

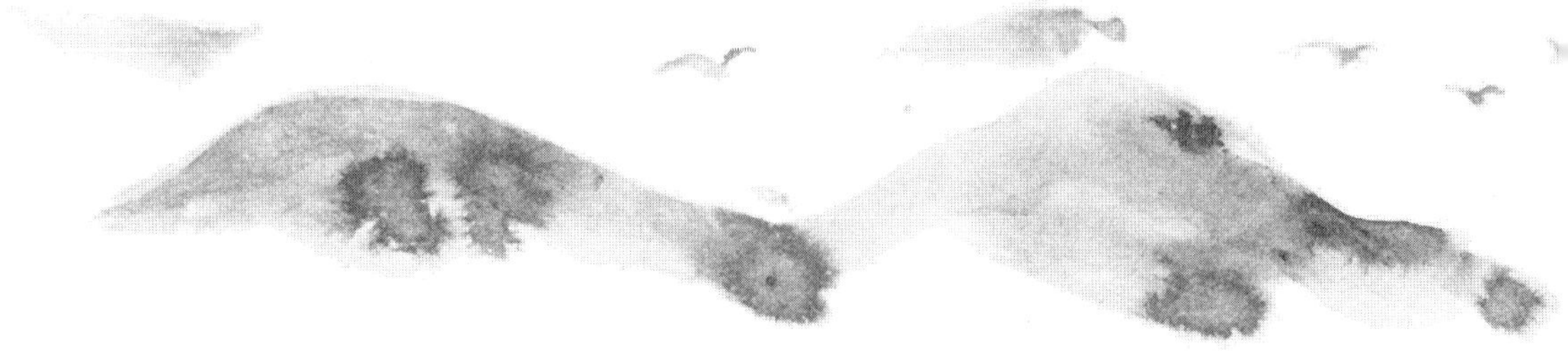



※各話の採話地《さいわち》は、すべて採話当時の地名を載《の》せています。

# 埼玉のことば

埼玉《さいたま》県はむかし、今の東京都《とうきょうと》、神奈川《かながわ》県の一部といっしょに武蔵《むさし》の国と呼《よ》ばれていました。方言《ほうげん》の特徴《とくちょう》で県内を東部と南部、西部・秩父《ちちぶ》に分けることができます。方言は、接《せっ》する周りの地方の影響《えいきょう》を受けるので、東部は栃木《とちぎ》県・茨城《いばらき》県に、西部・秩父は群馬《ぐんま》県に、南部は、東京都・神奈川県に似《に》ていると言われています。例《たと》えば、「やのあさって」は、三日後を指す言葉でしたが、東京都の影響を受けて四日後を指す言葉に変化しました。

このように、埼玉県の言葉は、周りの都市と交流している人々が多いために、日々変化をしているようです。

1　埼玉の方言と広く知られているものとして、『〜なのかな。』『〜だろう。』を「だんべぇ」で表現《ひょうげん》する「べぇべぇ言葉」があります。その言葉を使ってみましょう。

①「べぇ」の使い方の例《れい》。
『〜しよう。』のように、人をさそうときに使います。

○早くそうじをしよう。
↓
●早くそうじすべぇ。

②「だんべぇ」の使い方の例。
『〜だろう。』という気持ちを表すときに使います。

○明日も、寒いだろう。
↓
●明日も、さみぃだんべぇ。

2　ほかの方言についてこれから紹介《しょうかい》します。このような言葉を使っているかどうか、身の回りの人に質問《しつもん》してみるのもいいでしょう。

| 方言 | 意味 |
|---|---|
| あぐ | あご |
| あるって | 歩いて |
| 行くん? | 行くの? |
| おっかく | わる　こわす |
| おっぺす | おす |
| くらっせぇ | ください |
| けなるい | うらやましい |
| そらっぺ | うそ |
| はしけえ | (ずる) かしこい |
| 燃《も》す | 燃《も》やす |
| んまかねえ | 状況《じょうきょう》がよくない　大変 |

# 大力《だいりき》大《だい》べえ

むかしむかし、秩父《ちちぶ》の日野沢《ひのざわ》というところに、大《だい》べえという人がいました。

大べえは、ものすごい力持ちで、ほかには、これといったものは持っていません。山に、ほんのちょっぴりだんだん畑を持っているだけでした。力持ちの大べえは、あわなど、だれよりもいちばん早く作り、だれよりもいちばんさきにとり入れて、近くの家の手伝《てつだ》いをしてくらしていました。

「大べえさん、ひとつ、山の畑をたがやしてはくれまいか。」

とたのまれると、

「よしきた。」

といって、手伝《てつだ》いました。

「大《だい》べえさん、ひとつ、石を運んでくれまいか。」

とたのまれると、

「ほいきた。」

といって、石を運んでやりました。

「大べえさん、ひとつ、山の木をきってはくれまいか。」

とたのまれると、大べえは、よろこんで、山の木をきって手伝いました。

山一つこえたとなり村まで、日野沢《ひのざわ》の大べえ、大力大《だいりきだい》べえという名まえがしれわたって
いきましたから、

「山の仕事は、大べえさんにかぎる。人の三ばいも四ばいも仕事をする。」

という人で、大べえはひっぱりだこでした。そのたびごとに、

「ほいきた、よしきた。」

といって、毎日出かけていきました。

「大べえさんは大力だ。」

「大力大べえだ。」

といわれるのを耳にすれば、大よろこびではたらきました。

そのうえ、

「城峰山《じょうみねさん》の天ぐさんより力持ちだ。」

といわれようものなら、くすぐったくなるほどうれしくなって、

「ホーイ、ホーイ。」

と、ますます力仕事をじまんにしてはたらきました。


秋も終わりに近づいた、ある年のことでした。そのころ、大べえは、ふつうの木こりのつかうまさかりよりも、三ばいも四ばいもある大まさかりを背中《せなか》にしょって、いばって歩いていたのです。

城峰山の天ぐさんより力持ちになってしまった大べえは、畑仕事なんかおかしくって、人にたのまれても、

「ふん、畑のたがやしだって。そんなこと、子どもだってできべえや。」

と、へらへらわらって、あい手にしなくなりました。

「おらの仕事は、山へはいってな、木をきるんが、しょうばいだ。」

大まさかりを、じまんそうになでてみせるのでした。もちろん、大《だい》べえのだんだん畑には、草がぼうぼうはえて、山だか畑だかわからなくなっていました。

大べえのふり上げる大まさかりが銀色に光って、デッコーン、デッコーンと、大木《たいぼく》の根に打ちおろされるたびに、一尺四方《しゃくしほう》（約《やく》三十平方センチメートル）もの木っぺらが飛《と》び散《ち》りました。ドッズーンと、ふたかかえもみかかえもある杉《すぎ》の大木がきりたおされていきました。となりのきこりが、

「うーんしょ、うーんしょ。」

と、きっている間に、大べえは、ドドーンと、三本めをきりたおし、わらっていいました。

「ほーいほい、そんなへっぴりごしじゃ、くらくなってもたおれんぞっ。」

「大べえ天ぐにゃ、かなわんさ。」

と、となりのきこりがいうと、

「ウアッハハハハ。」

山から山へ、谷から谷へ、大べえのわらい声がこだましていきました。

大べえは、「大べえ天ぐ」といわれたので、いきおいがついてきました。今までよりもずっと高い、太い杉の大木を見上げました。

「フッフフフ、ワアッハハハハハ、そうだとも、大力大《だいりきだい》べえは、おれのこったぞ。」

たかーい杉のこずえに、ほんのちょっぴり夕日があたっていました。
デッコーン、デッコーン、デッコーン、デッコーン。
「大力大べえ、しらないかっ。」デッコーン。
「大力大べえ、しらない、かっ。」デッコーン。
大べえは、こんなことをいいながら、大まさかりをふりあげ、打ちおろしていました。
「大べえさんよー。大べえさん、もう帰るとしようっ。」

と、となりのきこりがいいましたが、大《だい》べえは、

「天ぐさんより力持ち、大べえ天ぐをしらないかっ。」

といって、帰ろうとはしません。

「大べえさん、秋の日のつるべ落としだ。くらくならねえうちに、山をおりべえよっ。」

となりのきこりがそういっても、大べえは、へんじもしないで、

「大べえ天ぐをしらないかっ。」デッコーン。

と、手も休めません。

「大べえさん、じゃ、さきにおりはじめるからのう。」

デッコーン、デッコーン。

「大べえ天ぐをしらない、かっ。」

「大力大べえしらないかあ。」デッコーン。

「天ぐさんより力持ち。」デッコーン。

「大べえ天ぐをしらない、かっ。」デッコーン。

「天ぐさんより力持ちっ。」デッコーン。

もう、うすぐらくなった山に、大べえのかけ声と、大まさかりの音だけがひびき合ってきこえていました。

高松山《たかまつやま》、破風山《はっぷやま》、城峰山《じょうみねさん》にかこまれた日野《ひの》の村も、すっかりくらくなり、炉《ろ》の火が、ぽつり、ぽつり見えはじめました。

そのときです。

ゴオーッと、ものすごい風がふいてきて、日野の村の一けん一けんの戸を強くたたきました。

ドドズーン。またも、はらわたにしみるような音がして、日野の村の一けん一けんを、ゆりうごかす地ひびきがしてきました。

日野沢《ひのざわ》の人びとは、こわごわ外へ出てみましたが、外はまっくらやみで、物音ひとつしない、いつものような、しいーんとした夜でした。

うすきみわるい、おそろしい夜があけました。となりの木こりが、外へ出て、こしをぬかしておどろきました。川っぷちの、大べえさんの家がなくなっているのです。

「おかしいっ。」

目をこすって見ても、家がありません。ないどころか、大べえさんの家があったところに、大岩が、どかっとあるではありませんか。村じゅうの人が、どんなことをしても、びくともしません。わらぶきの小さな大べえの家は、この大岩の下に、ぺしゃんこになってしまったのです。

村の人びとは、

「城峰山《じょうみねさん》の天ぐさんのしわざだんべ。」

「ほんもの天ぐのしたことだんべ。」

こわごわと、いい合いました。

大《だい》べえは、大岩の下に家といっしょにぺしゃんこになってしまったのでしょうか。それとも、天ぐさんにさらわれてしまったのでしょうか。

ただ、上州《じょうしゅう》(群馬県《ぐんまけん》)の山の大木のてっぺんに、大まさかりが光っているのを見たという人がいたそうです。


(皆野)

# 大蛇《だいじゃ》の大きさ七モッコハタル

鴻巣《こうのす》の上谷《かみや》というところに、七モッコハタ※ルという、めずらしい名で呼《よ》ばれる田があります。

むかし、戦国時代《せんごくじだい》が終わるころのお話です。岩槻《いわつき》の城《しろ》が、武将本多忠勝《ぶしょうほんだただかつ》の手によって落城《らくじょう》し、城を失《うしな》った太田氏《おおたし》の家臣《かしん》たちは、それぞれ、各地に落ちのびていきました。その中の立川石見守《たてかわいわみのかみ》という武将《ぶしょう》が、ここ鴻巣の上谷へ落ちついたのです。

そのころ、この上谷に深い沼《ぬま》があって、い

つのころからか、おそろしい大蛇《だいじゃ》が住みつき、村人たちは、たいへんおそれていました。石見守《いわみのかみ》は、この話を村人から聞くと、ひそかに大蛇たいじを思い立ち、その日のくるのを待っていました。

やがて、沼《ぬま》の水も少なくなり、暑い日が続《つづ》きました。沼に住む大蛇をたいじするには、もってこいの時期《じき》になったのです。

村人にその決心を話し、石見守ただひとり、大刀《だいとう》を背負《せお》って沼の中へしずんでいきました。

大蛇は、水の底《そこ》にじっととぐろを巻《ま》いていました。たちまち、沼の底では、人間と大蛇の戦《たたか》いがはじまったのです。村人たちは、沼のまわりに集まり、手を合わせて石見守が勝つようにといのりました。

たちまちにして勝負《しょうぶ》がつき、石見守の大刀のひとつきは大蛇をたおし、水はみるみる赤く染《そ》まりました。かえり血をあびて、石見守が水面にうかびあがってきました。沼のまわりで、このようすをじっと見ていた村人たちは、ただ、

「わあっ。」

とさけぶだけでした。石見守の勇気《ゆうき》と赤く染まった沼の水のようすに、おどろくばかりでした。

村人たちは、さらにおどろきました。大蛇のおそろしい死体が、うかんできたのです。しょうゆだるのような太い大蛇が、沼一面に、ながながとういたのです。村人たちは、やがて、石見守のさしずにしたがい、このおそろしい大蛇の死体をかたづけはじめることにしました。力をだし合い、大蛇を沼の岸に引きよせましたが、どうしても引き上げることができません。

そこで、考えました。頭を切りおとしたのです。つづいて、尾《お》のほうにむかって、切りきざんでは岸に引き上げました。

さて、切りきざまれた大蛇《だいじゃ》を、村人たちは、ていねいに穴《あな》にほうむってやることにしました。

村人たちの用意した七つのモッコと八つのタルに大蛇を入れて、ほった穴に運びました。七つのモッコと八つのタルにつめられた大蛇がうめられた田を、そのまま「七モッコ八タル」と呼《よ》ぶようになったということです。

立川石見守《たてかわいわみのかみ》の子孫《しそん》は、今でも鴻巣《こうのす》に住んで栄《さか》えております。

（鴻巣）

注　※モッコ＝なわを編《あ》んで網《あみ》にして、四すみに綱《つな》をつけたもの。土などを運ぶ道具《どうぐ》。

# 喜多院《きたいん》の龍《りゅう》

そのむかし、川越《かわごえ》は「小江戸《こえど》」と呼《よ》ばれ、たいそうにぎわった城下町《じょうかまち》であった。その町の中ほどに、千何百年もまえに建《た》てられた喜《き》多院《たいん》という、たいそう古い大きな寺がある。なんでも、徳川様《とくがわさま》にもゆかりのある寺だともいう。

この話は、今からずっとむかしにさかのぼることで、もういつのことであったか——。

この喜多院のがっしりした門を、外からトントンと、ま夜中にたたくものがあった。月夜とはいえ、あたりはうっそうとした森で、ひとっこひとり通らないさびしい場所である。

「もし、この門をあけてくださいまし。」

美しく、すんだ声が山門《さんもん》から境内《けいだい》へと伝わり、おどろいておしょうが出てみると、そこには、やさしく美しい女が立っていた。

「このま夜中になんのご用でござらした。それにあなたは見かけないひとじゃが、どちらからやって来なすったのじゃ。」

と、おしょうがたずねると、女は、

「はい、わたしはこの近くにうつり住むものでございます。こんなま夜中にさぞおどろかれたことでございましょうが、わたしはおしょう様にお願《ねが》いがあってまいったものでございます。どうか、お聞きとどけになってください。」

と、しんけんな顔で言う。

「その願いというのはなんですか。まあ、話してごらんなされ。」

おしょうもつい、その女の言うことにひきこまれ、そう言うと、女は、

「はい、ではお話しいたします。ほかでもございませんがおしょう様、この寺にある鐘《かね》をきょうから百日の間つかないという約《やく》そくをわたくしにしてください。そのかわり、約そくをはたしてくださいましたら、この鐘をもっとなりのよいりっぱな鐘にしてさしあ

げます。」

とたのむ。その様子《ようす》があまりにも熱心《ねっしん》なので、おしょうはしばらく考えていたが、この願いを聞きとどけてやらなかったならば、この女がどんなに悲《かな》しむことだろうと思い、

「いかにもしょうちしました。それでは百日の間、かならず鐘をつかないと約そくしましょう。」

と、かたく約そくしてしまった。すると、その女はたいそう喜《よろこ》んで、

「このご恩《おん》はけっして忘《わす》れはいたしません。」

と言って、いそいそと帰っていった。

この夜ふけ、なんの必要《ひつよう》があって、このようなことを願いにきたのであろうか、考えれば考えるほどおかしなことばかりなので、おしょうはそっと女のあとをつけていってみた。女は月のうす明かりに灯《ひ》もともさずに、なれた足どりでひたひたずんずん歩いていく。そしてやがて、喜多院《きたいん》の南のすみにある深いほりのあたりまで行くと、すっと姿《すがた》がみえなくなってしまった。

はて、不思議《ふしぎ》なこともあるものだと思いながらも、おしょうは約そくを守って、つぎの朝から鐘をつくのをぱたりとやめた。そして、日はたって九十九日間が過《す》ぎた。ところがあと一日で百日になるというその日の夕方のことであった。ひとりの女がまた喜多院《きたいん》をた

ずねてきた。

　みるからにうるわしく静《しず》かそうな女であった。しかも、いつぞや鐘《かね》をつかないでほしいとたのんだ女とはまるっきりちがっている女であった。この女も、

「おしょう様、お願《ねが》いがござります。どうか、お聞きとどけくださいませ。」

と、前の女と同じようなことを言う。打掛《うちか》けにかつぎ(頭からかぶる衣)姿《すがた》で、いかにも気高《けだか》いこの女におしょうは魅《み》せられてしまって、つい、

「はい、なんでも。」

と返事《へんじ》をしてしまった。

「これは、まことにありがたいことでござりまする。では、ご無理《むり》でもございましょうが、今夜、一夜だけでもよろしゅうございます。どうか、この寺の鐘をおつきになって、わたくしに聞かせてくださいませ。」

と、こんどの女は前の女と反対のことをたのむのである。おしょうは前の女との約そくもあり、もう一日でその日もあけるので、そのわけを話してなんとか日をのばしてもらおうかと思ったが、その女の、やさしく哀願《あいがん》するようなそのようすをみて、どうしてもことわることができず、ついにまた、

「よろしゅうございます。」

と返事《へんじ》をしてしまった。女は喜《よろこ》んで、

「ああ、ありがたや、おしょう様。なんと心のやさしい方でござりましょう。では、さっそくですが、今すぐ鐘《かね》をついてくださいますでしょうか。」

とさいそくする。おしょうは、はて困《こま》ったことになったものだ。前の女がこのことを知ったら、どんなに悲《かな》しむことであろう。わしはなんということを約《やく》そくしてしまったのだろうと、心の中で思いながらも、口では、

「よろしい、ついてしんぜよう。」

と言って、小ぼうずに言いつけて、ひさしぶりに鐘をつくこととなった。小ぼうずはかしこまって、鐘楼《しょうろう》の石段《いしだん》をとんとんと登ると、柱《はしら》にしばりつけてあったしゅもく（鐘つきのぼう）をとりはずすと、静《しず》かに一《ひと》呼吸《こきゅう》してから、鐘を打ち鳴らした。鐘は九十九日ぶりに
「ゴオーン。」

と一つ長く尾《お》を引いて川越《かわごえ》の町屋《まちや》から遠く入間野《いるまの》のはてへとすいこまれるようになりひびいていった。と、まだ、その余《よ》いんがおしょうの耳に残《のこ》っている間に、とつぜん、おしょうの前にかしずくようにして立っていた女は、そのときたちまちおそろしい龍《りゅう》の姿《すがた》となった。そして雲を呼《よ》び、そのからだをいくえにも折《お》りまげ、目を金色にごうごうと光らせ、風をおこし、おしょうがおどろく間もなく、天に昇《のぼ》っていってしまった。これは、あっと

いう間のいっしゅんのできごとであった。

　このものすごいありさまを知らない小ぼうずは、また静かに呼吸《こきゅう》をととのえ、うでに力をこめ、からだをうしろにひいて、二つめの鐘をついた。すると、どうだろう。今まで鳴りひびいていた鐘が、

「ゴン！」

とまるで木のかたまりでもたたいたかのように、にぶい音を出して鳴るだけであった。小ぼうずは自分の耳を疑《うたが》いながら、なおも鐘をつきなおしてみた。やはり、鐘のひびきはにぶいのだ。小ぼうずが不思議《ふしぎ》に思っているおりしも、今まで雲一つなかった天がにわかにかきくもり、とつぜん烈風《れっぷう》がおこり、雨が降《ふ》りだし、せん光《こう》がひらめき、ときならぬかみなりが、ろうろうと鳴りわたった。雨と風はごうごうと阿修羅《あしゅら》のようにこの喜多院《きたいん》の広い山内《さんない》をあれまわった。

　しかもおどろいたことに、小ぼうずの目にうつったのは、このあらしの中でおしょうがこまのようにくるくる回りころげている姿であった。走りよって止めようとしたが、手の出しようがなく、ただただ、みているのみであった。

　やがておしょうは、九十九度ころげて、ようやくからだが止まったという。

　このことがあってからのち、おしょうは気がふさぎ、へやにこもったまま考えこむ日が

多くなった、
ある日、おしょうは小ぼうずに向かって、

「なんでも、前にきて百日鐘《かね》をつかぬ約《やく》そくをした女は、この南の堀《ほり》の主《ぬし》で、鐘ぎらいの龍《りゅう》であり、わずか、あと一日で願《わが》いがかなわなかったので、昇天《しょうてん》することができず、落ちてしまった。つぎにたずねてきた女は鐘が好きな龍で、伊佐沼《いさぬま》の主であったにちがいない。」

と語ったという。

喜多院《きたいん》では、このことがあってからことのほか鐘をつくことを忌《い》みきらい、今でも山内《さんない》での鈴《すず》ふりをかたく禁《きん》じ、もし鈴をふったものがあっても鳴らないようにと、どの鈴にも振《ふ》り子《こ》をつけていないという。


（川越）

# づらっぽうさま

東武《とうぶ》日光線《にっこうせん》東武動物公園駅から、東へ約《やく》四キロメートルほどはなれたところに、並塚《ならびづか》という地名があります。

並塚のほぼ中央《ちゅうおう》には、神社《じんじゃ》があり、そのうらてには、小さなお堂《どう》が建《た》っています。

そのお堂が、「づらっぽうさま」といって、これから話す老僧《ろうそう》の名まえをとってつけたものなのです。

そのむかし、この並塚の地には、毎年夏になると、悪い疫病《えきびょう》(伝染病)がはやりました。病《やまい》にたおれ亡《な》くなる者があとをたたず、社《やしろ》の裏手《うらて》の墓《ぼ》地《ち》に毎日何人となくはこばれてきました。

村人たちは神仏《しんぶつ》に祈《いの》って、一日もはやく疫病《えきびょう》がはやらないようになってほしいと、そればかり願《ねが》っていました。しかし、村人たちがいくら祈っても、疫病は広まるいっぽうで、死人も日ごとにふえて、もう手のほどこしようがなくなりました。

そんなある日、松《まつ》のツエをつき、墨染《すみぞ》めの衣《ころも》を身につけたづらっぽうさまとよばれる老《ろう》僧《そう》が、この地を訪《おとず》れました。

づらっぽうさまは、疫病でこまりぬいている村のようすにおどろき、

「これは、どうしたことだ。」

と、村人たちにたずねました。人々は、

「どうも、こうも、疫病がはやってこまりました。どうか、お救《すく》いください。」

と、声をつまらせていいました。

そこで、づらっぽうさまは、病《やまい》で苦しんでいる家を一けん一けんまわって、

「どうか、なおりますように。」

と、おがみました。

しかし、疫病は少しもおとろえるようすはありません。

「なんとか私《わたくし》の力で、この村の人々を疫病から救わねばならぬ。」

づらっぽうさまは、たった一つ残《のこ》されたこととして、いけにえになるかくごをしました。いけにえとは、自分のからだを生きたまま仏《ほとけ》にささげることなのです。

づらっぽうさまは、七日分の食料《しょくりょう》と鐘《かね》をもって、穴《あな》の中にはいりました。村人が、いけにえになるのをとめましたが、少しもききいれませんでした。づらっぽうさまは、穴の中で鐘をならし念仏《ねんぶつ》をとなえていました。

村人たちは、地下からかすかにひびいてくる念仏と鐘の音《ね》に胸《むね》がつまる思いでした。

そうして、だれからともなく、づらっぽうさまの念仏《ねんぶつ》に合わせて、声をふるわせながらも念仏をとなえはじめました。その声はしだいに大きくなり、静《しず》かな村じゅうにひびきわたりました。

七日めの晩《ばん》、地の中からひびいていたづらっぽうさまの念仏と鐘《かね》の音《ね》がぴたりと止まりました。

づらっぽうさまの死を知ると、村人たちは、声をあげて、おいおい泣《な》きました。

ところが、ここに不思議《ふしぎ》なことが起こりました。疫病《えきびょう》が人にうつらなくなり、病人も日一日と元気になっていくのです。

「ああ、づらっぽうさまが村を救《すく》ってくれたのだ。ありがたいことだ。」

村人たちは、元気になると秋のとりいれにいそがしく働《はたら》きはじめました。

づらっぽうさまのかたみの松《まつ》の木のツエは、墓に立てられました。線香《せんこう》はたやしませんでした。

そうして、どんなにいそがしくても、づらっぽうさまの墓《はか》に、毎日お参《まい》りする村人たちは、松の木のツエにも水をかけてやりました。村人の心が通じたのでしょうか、かれたはずの松のツエが春になると、若《わか》い芽《め》をだしたではありませんか。

やがて、それは大きな松の木となって、村のどこからもあおげるほどになったのです。

「おぼうさんは、きっと松の木になって、わしらを見守っていてくださるのだ。」

村人たちはそう思いました。

八月二十四日はこのづらっぽうさまの命日《めいにち》です。その日は、他の村々からも大ぜいの人が集まってきます。そして、「づらっぽうさま」「づらっぽうさま」と、親《した》しまれているのです。この日お参《まい》りすると、一年三百六十五日、病気にならないともいわれています。

いまでも、松《まつ》の木は、どっしりと根をはり村を見守っています。そして、そこからはいけにえにまでなって、疫病《えきびょう》から村を救《すく》ったづらっぽうさまがとなえた念仏《ねんぶつ》の声がきこえそうなのです。


（杉戸）

# 見沼《みぬま》の弁天様《べんてんさま》

むかし、享保年間《きょうほうねんかん》の中ごろ、下山口新田《しもやまぐちしんでん》にある蓮見《はすみ》という家に、馬子《まご》※がやとわれていました。この馬子が、ある夏の日に、主人《しゅじん》の家の荷物を馬に積《つ》み、千住《せんじゅ》の宿《しゅく》まで行ったときのことです。

用事がすみ、から馬をひいての帰り道でした。

日が西にかたむいてきたころ、神根村《かみねむら》の新井《あらい》の宿《しゅく》（川口《かわぐち》あたり）にさしかかりますと、旅姿《たびすがた》のりっぱな美しい女の人に追いつきました。女の人は、長い旅につかれきったようすで足を引きずりながら、ようやく歩いています。

馬子は、たいへん気のどくに思い、

「あなたは、どこまで行かっしゃる(行くのですか)。」

と、声をかけますと、

「わたしは、木曽呂橋《きそろばし》あたりまで行きたいのですが、足がいたんで、とても明るいうちに

は行けそうもありません。どうか、馬に乗せてはいただけませんでしょうか。」

と言われましたので、馬子《まご》は、

「どうぞ、どうぞ。おらも《(わたしも)》同じ道を帰るから、お送りいたしましょう。」

と、馬に乗せてやりました。

木曽呂橋《きそろばし》までやってきますと、女の人は満《まん》満《まん》と流れる用水を見て、急に馬をとめさせました。そして、用水の堤《つつみ》の上におりて、きりの小《こ》ばこをとり出して、

「これは、わたしの心ばかりのお礼のしるしです。これをあなたにさしあげます。けれども、どんなことがあっても、けっして中を見てはなりません。」

と言って、別《わか》れをつげ、夕やみの中に姿《すがた》をけしてしまいました。

馬子は、主人《しゅじん》の家に帰り、
「きょうはふしぎな女の人にあい、馬に乗せたお礼にと、このはこをもらいました。馬子のわたしが、こんなきれいな小ばこを持っていてもしようがございません。」
と言って、きりの小ばこを主人にわたしました。

それからというもの、蓮見《はすみ》の家はもちろん、下山口新田《しもやまぐちしんでん》には、よいことばかりがつづきました。

ところがあるとき、主人は、ふしぎな物見たさから、女の人が、馬子にかたく約《やく》そくしたことばに反して、そっとはこのふたをあけてみました。

中には、小判《こばん》ほどの大きさのこいのウロコが、たった一枚《いちまい》はいっているだけでした。

このことがあってから、蓮見《はすみ》の家では主人《しゅじん》が病《やまい》にたおれ、村に病気がはやったりして、今までとうってかわったように不幸《ふこう》なことがおこるようになりました。

これを心配した村人たちは、美しい女の人とウロコを思い合わせて、

「さては、見沼《みぬま》の龍《りゅう》の神様が姿《すがた》をかえて、元《もと》の沼《ぬま》のあたりをさまよい歩かれたのではないだろうか。」

と、美女の消えたあたりに、神をまつった小さなやしろとして弁天様《べんてんさま》をまつり、巳《み》の日（へびの日）を縁日《えんにち》として、お祭りをおこないました。

それからというものは、蓮見家の主人も元気になり、村には豊年《ほうねん》が続《つづ》き、水害《すいがい》もなく、みんな豊《ゆた》かになったということです。

今、見沼東縁《みぬまひがしぶち》用水の山口橋《やまぐちばし》（もとは、木曽呂橋《きそろばし》）に立って、上流右手の竹やぶの中に、山口弁天様（いつくしま神社《じんじゃ》）があります。

（川口）

注　※馬子《まご》＝客や荷物を乗せた馬をひく仕事をする人。

# 大うなぎ

「おうい、荒川《あらかわ》の水がふえてきたぞー。」

あらあらしいさけび声は、久下《くげ》新川《しんかわ》の家々にいち早く伝《つた》わりました。新川地区は荒川の土手と土手の間にある農村《のうそん》で、荒川の水がふえると、どこの家も必《かなら》ず洪水《こうずい》におそわれるところでした。

梅雨《つゆ》あがりの雨が、ここ二、三日はげしく降《ふ》り続《つづ》いたと思ったら、荒川の水面は急に高くなって、その日のうちに、どの家のゆか上までも水がきてしまったのです。

もっとも、このようなことは、新川地区の人々にはめずらしいことではありませんでした。だから、荒川の水がふえたと聞くと、すぐにたたみを上げ、それから、着物、食べ物、のみ水、まきやお勝手道具《かってどうぐ》などを二階《かい》へ上げます。また、にわとり、ぶた、馬、牛などの家《か》ちくまで高いところへ連《つ》れて行き、洪水にそなえるのでした。

その日も荒川の増水《ぞうすい》にそなえて、どの家々も大いそがしで、二階へとひ難《なん》していました。

ゆか下まできていた水は、たちまち、ゆか上一尺《しゃく》（約《やく》三十センチメートル）にもなってしまいました。

水がましてくると、今まで静《しず》かだった水面は下《しも》のほうへ移《うつ》り始《はじ》め、家と家との間の水は、にごった波を立ててはげしく流れるようになったのです。

村の年寄《としよ》りは、これまでまだ経験《けいけん》したことのないほどの早い増水《ぞうすい》ぶりにおどろき、このまま水がふえていったらどうなってしまうのか、と心配しました。

その心配どおり、夜になっても水はふえるばかりでした。にごった速《はや》い流れは、も

う、家々ののきを洗《あら》うようになっていました。そして、
人々の不安《ふあん》はますばかりでした。

のきが低《ひく》い家なのでしょうか。どこからか、

「助けてくれー、家が流されるよー、家が動きだしたよー、助けてくれー。」

という、心をかきむしるほど悲しいさけび声が、夜のはげしい流れの音に消されるように聞こえてくるのでした。

やっと家が流されるのをまぬがれている人々も、こんどの大波で家が流されるのではないか、この次の大波には、と身のちぢむ思いで水のひくのを待っていました。

ちょうどそのころ、だれが見つけたのかわかりませんが、

「おうい、見ろよ、大きなうなぎがのぼっていくぞ。」

という声が聞こえてきました。

村の人々は、二階《かい》から、また、大屋根《やね》のけむり出しから身をのりだすようにして、にごった急流《きゅうりゅう》の水面をじっとみつめました。

はげしく波立つ水面は、雨あいの雲をうつしてかすかに明るく感じられます。村

人たちは、そのかすかに明るい流れの波を乗《の》りこえ、乗りこえのぼっていく、とても大きなうなぎを見つけました。それはまるで、洪水《こうずい》で流された大木《たいぼく》ぐらいの太さに見えました。

うなぎは、すごい速《はや》さで上流へ姿《すがた》を消していきました。

するとどうでしょう。今の今まであれほどあれくるっていた流れは、みるまに静《しず》まり、それからわずかの間に、にごり水はひけていったのでした。

それ以来《いらい》、

「あの大うなぎが新川《しんかわ》を救《すく》ってくれたのかもしれない。」

といううわさは、だれ言うともなく村じゅうに広まっていきました。


その後、新川は、またしても大水におそわれたことがありました。

風はふきあれ、雨は、空がこわれてしまったかのように降《ふ》り続《つづ》きました。荒川《あらかわ》はみるみる増水《ぞうすい》し、村人たちは、あとしまつすることも、ひ難《なん》することもできないで、にげまどいました。おそろしい流れは、にげまどう人々をひとのみにするかのようにおそいかかってきました。そして、急な流れにのみこまれた人たちは、悲しげなさけび声を上げながら、下流へ下流へとおし流されていってしまいました。

すると、その人々のすぐ近くに、また、あの大うなぎがあらわれました。おぼれかけていた人々は、うなぎの背《せ》に手をかけて、急流《きゅうりゅう》に流されないように、うなぎの泳《およ》ぐ方向へ身をまかせていきました。そして、夢中《むちゅう》でいた人々が気がついたときには、ひざくらいの浅《あさ》いところに泳ぎ着いていていました。

大うなぎは、それから何回か人々をそこへ運んでいき、急流にのみこまれた村人たち全員が無事《ぶじ》に救われたのがわかると、どこへともなく姿を消していってしまいました。

またしても新川の人たちは、大うなぎに救われたのでした。

大水のたびに、大うなぎに救われた新川の人々は、うなぎの働《はたら》きにすっかり感謝《かんしゃ》し、ご恩《おん》がえしとして、新川の神社《じんじゃ》へ大うなぎの霊《れい》を神としてまつりました。

それからのち、新川の人たちは、荒川のうなぎは神様の使いとしてあがめ、とあみやつりでうなぎがかかっても、必《かなら》ずにがしてやるようになったそうです。まして、うなぎをかば焼《や》きにして食べるなど、もったいないことと信《しん》じられ、今でも口にする人はいないといいます。

（熊谷）

# でえだんぼう

いつのころなのか、ちちぶの山国に、でえだらぼっちでえだんぼうという大きな男がいました。

みずなら、ぶなの小さな花が、青い葉かげにぶらさがってさくころになると、でえだんぼうの大きなからだには、力があふれてきました。

「あの八日見山《ようかみやま》（両神山《りょうかみさん》）は、いつまでも雪をのっけて、つめたい風をふきつけてくる。あの林には、まだ花が見えない。林がかわいそう。森がかわいそう。」

でえだんぼうは、ぐるうんと右手を回しました。雲がちぎれてとびました。みの山の大《おお》塚《つか》に右足をふんばると、ずぶんと足がめりこみ、大きなあながができました。

でえだんぼうは、城峰《じょうみね》の山をなで、ぶなの大きな森をまたぎ、倉尾《くらお》の合角《かっかく》に着くと、ちょっぴりおどろきました。八日見山《ようかみやま》の向こうには、もっと高い山が、ずらずらならんでいるではありませんか。まだ雪が白く光っている信州《しんしゅう》の山々でした。

「おうい、八日見山よ。おまえの頭、少しちぢめるぞ。」

そういって、大きな太い右手をぐるうんと回しました。八日見山は、

「でえだんぼうよ。向かいのちちぶ岳《だけ》(武甲山《ぶこうざん》)より、背《せ》をひくくしてはいやだぞ。」

といいました。八日見山に住んでいるしかやいのししどもが、大きな声にきもをつぶして、ぞろぞろ、まわりの山にちらばっていくのが見えました。

「よし、わかった。じゃ、いくぞ。」

両足をふんばり、

「ぐわわうん。」

と、でえだんぼうの大げんこつが、八日見山のてっぺんに打ちおろされました。

二発、三発、四発と、みるみるうちにてっぺんが、すっとんでしまいました。

「おうい、でえだんぼうよ。もういいだろう。ちちぶ岳にわらわれないよう、かっこうよ

くてっぺんをなおしといてくれよ。」

八日見山がさけぶと、でえだんぼうは、
といって、がらがらっと八日見山のてっぺんをなでまわしました。

「よしきた。」

「かっこよくなったぞ。」

と、でえだんぼうは、大きな声でいいました。

八日見山のてっぺんは、まだぎざぎざしていましたが、前よりがっしりとした姿《すがた》になりました。

でえだんぼうの立っていた足あとが、大きなあなになっていました。

でえだんぼうは、頭をひねりました。よい考えがうかびました。八日見山からにげていった、しかやいのししどものことが思い出されたのです。両手であなのまわりをひとなでして、池をつくりました。水が、こんこんわき出てきました。動物たちのあそび場ができあがったのです。

青い葉が、水にうつります。

「うわっはっはっは、こりゃ、いいぞ。」

でえだんぼうは、大きな大きな胸《むね》をはって、わらいました。

ちちぶの山国に、滝《たき》のような雨が、十日十夜も降《ふ》りつづきました。

山と山との間をだく流が、あれくるって流れました、ちっちゃな山は、頭だけのこし、海の中の小島のようなありさまでした。でえだんぼうは、かさ山に右足を、まる山に左足をのせて、このちちぶの国を見つめました。でえだんぼうの大好きなみずならの林も、ぶなの森も、だく流にかくれて見えません。ちちぶの山国を広くしようと遠くにおし動かした山々だけが、ぐるっと取りかこんでいるだけでした。

その時、でえだんぼうは、ちちぶ岳《だけ》のとなりのびょうぶ岩に、人間どもが、大水をのがれてのぼっているのに気がつきました。

「ほっほ、こりゃ、かわいそう。」

ころころとよく働《はたら》き、あれ地を開いて、作物《さくもつ》をそだてる人間ども。でえだんぼうは、ちっちゃな人間どもの働くようすを見ていると、力がむくむくとわいてくるのです。

このちっちゃな人間どものためにも、きれいなみずなら、ぶなの林のためにも、また、ちっぽけな山々のためにも、このあれくるうだく流をなんとかしなくてはならないと考えたのです。

「うおうい。」

でえだんぼうのうでにも、足にも、もりもりと力がわいてきました。

今までの川はなんの役《やく》にもたちません。でえだんぼうは、川を深く、もっと深くほろうと考えたのです。

〝ざばん。〟

両手をだく流につっこみました。力を入れて、

〝ぼじゃぼじゃ。〟

と、ほりこみました。あとずさりしながらほりこみ、両手に岩やどろをすくいあげ、また、ほりこみました。

「ごうっごうっ。」

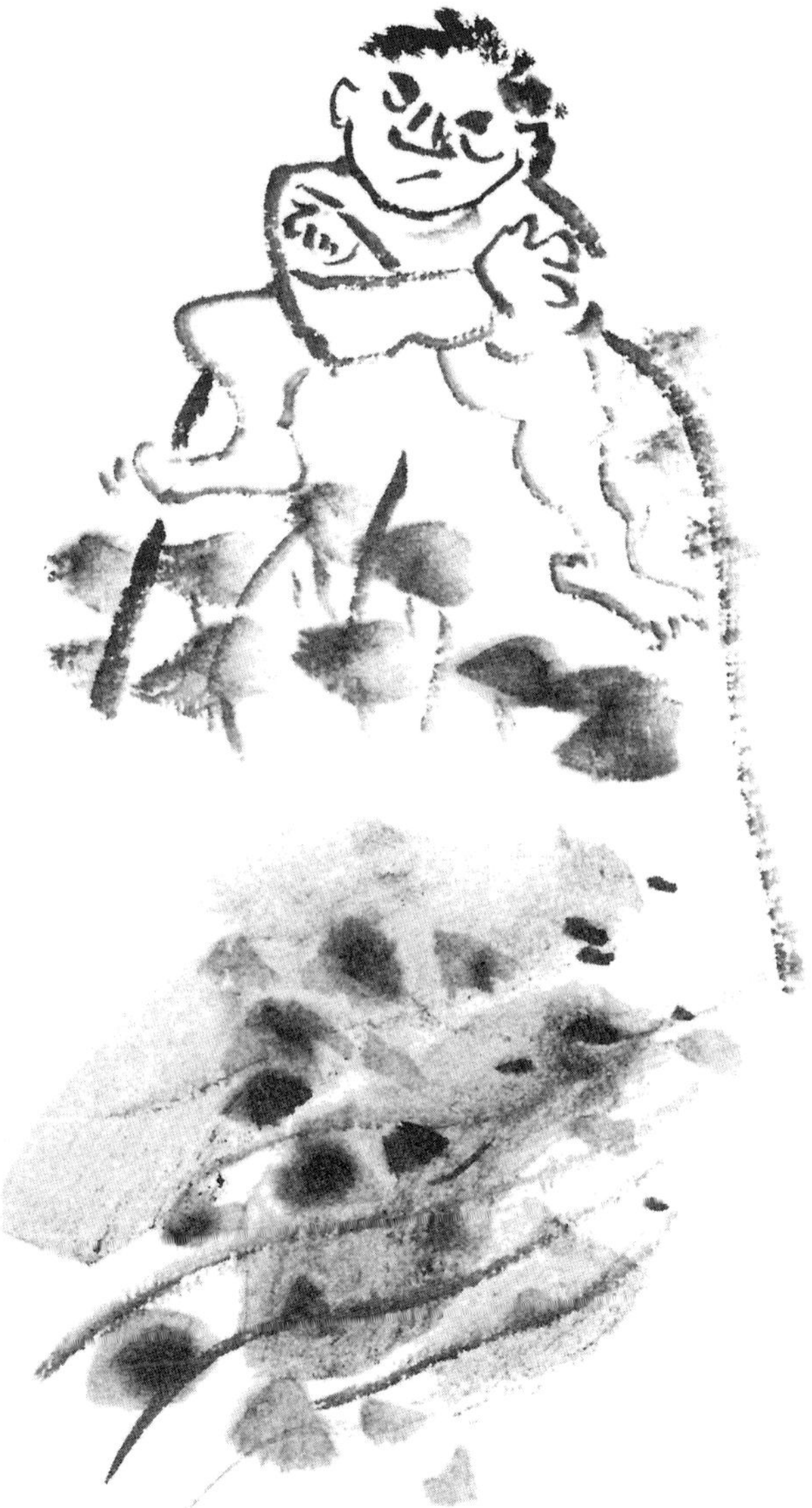

山の間のだく流が、音をたてて、うずをまいて、深くなった川にすいこまれてきます。小島のようになった山々が、みるみるうちに姿《すがた》をあらわしてきます。でえだんぼうは、ゆかいでたまりません。ちっちゃな丸い山もでてきます。

でえだんぼうは、ますます、ざぼざぼと川をほり、えぐっていきました。

「お、ぶなの森。」

また、ほりました。

「や、みずならの林。」

でえだんぼうが、ひとかきするたびに、水は、みるまにひいていきます。

大きくいきをすいこみ、こしをあげると、ごうごうと、深くほられた川にだく流が流れていきました。

「ふうっ。」

大ぎり山にこしをかけ、山国をながめました。

みずならの林も、ぶなの森も、高い山に残《のこ》るだけになってしまったちちぶの山国。

まるいちっちゃな山は、おし流されて、そのあとにたいらな土地が、ちょっぴりできたちちぶの山国。

赤ちゃけた国。変わってしまったちちぶの山国。

その時、
でえだんぼうは、手をふりながらよろこんでおりていく、びょうぶ岩の人間どもの姿を見たのです。大雨にたたかれ、どろにうまった作物を見つけようとしている人間どもの姿も見たのです。でえだんぼうは、さけびました。

「おうい、もうだいじょうぶ。」

でえだんぼうの太いうでに、力こぶがむっくりとでてきました。人間どもの住みやすい土地をつくるのです。川をほった土をがけっぷちにつみあげ、おかをつくるのです。まるい山をつくるのです。そこから、人間どもはかならず、緑の林や森をつくるでしょう。あの、ころころとよく働《はたら》く人間どもが。

「ほいっ、ほいっ。」

でえだんぼうのかつぐ大きなもっこには、山ほどの土がもられ、

「どさどさどさ。」

っと、まい田《た》のおかをつくりました。

「ほいっ、ほいっ。」

と、もっこをかついで、上《うえ》ん台《だい》のおかが、できあがっていきました。

あつい夏もさかりになると、まい田のおかにも上ん台の土地にも、人間どもが、働いて

います。ちょっぴり開けたたいらの土地には、青い葉が育っています。

赤ちゃけたちちぶの山国は、だんだんと緑の国にかえっていきました。

でえだんぼうは、人間どものくるくるころころ働《はたら》く姿《すがた》を見ると、ゆかいで、ゆかいでたまりませんでした。

高い山のみずならの葉が、赤くそまるころになると、人間どものいるちょっぴり開けた土地も、黄色くなりました。でえだんぼうは、八日見山《ようかみやま》の向こうにつづく山々を思い出しました。

「よし、いっちょ、ひとまたぎしてこようか。」

でえだんぼうは、くるくるっとちちぶ岳《だけ》の頭をなで、みずならの赤くそまった葉を、両手にいっぱいすくいあげ、

「ほういっ。」

と、空にまきました。

〝ちりちりちりちり。〟

みずならの赤い葉が、ちちぶの山国にまい散《ち》っていきました。

「でえだんぼうよ。あれが浅間《あさま》、ほうれ、あれが白馬《はくば》よ。」

八日見山が、さけびました。

でえだんぼうの大きなわらい声が、ちちぶの山国にひびきました。

八日見山をひとつなで、

〝ずいん。〟

と、でえだんぼうは、信州《しんしゅう》へこえていきました。

（秩父）

# 亀《かめ》の子渕《こぶち》

寄居《よりい》の鉢形《はちがた》には、むかし、鉢形城《はちがたじょう》という山城《やまじろ》があった。この城の内堀《うちぼり》であった深沢川《ふかざわがわ》には、四十八釜《がま》といって川底の岩に釜《かま》の形をした穴《あな》がいくつもあった。その釜の一つに船釜《ふながま》とよばれる大きな穴があった。この穴は寄居町の西、象《ぞう》が鼻《はな》まで地下を通ってつながっていたといわれている。

いつのころであったか、遠い遠いむかしのこと、この穴の上に丸太《まるた》をわたし、屋根《やね》をかやでふいてそまつな家をつくって住んでいた人がいた。なまえを賽取左衛門《さいとりさえもん》といった。左衛門にはそれは美しい妻《つま》がおった。

左衛門は、荒川《あらかわ》でさかなをとったりわらじをつくったりして、それを妻が町まで売りに行き、そのお金でまずしいながらも幸福な毎日を送っていた。

いつものように左衛門は荒川でさかなをとり、昼ご飯《はん》を食べに家に帰った。妻といっし

ょに昼ご飯を食べ、午後の仕事のことを話そうとすると、妻がとつぜん姿勢《しせい》を正《ただ》して、両手をゆかにつき、

「長いことお世話様になりました。実は、わたしは海の神様の住んでいらっしゃる龍宮《りゅうぐう》の乙姫様《おとひめさま》の召使《めしつか》いなのでございます。わけがあってあなたの妻になり、きょうまでお世話になりましたが、あなたのるすちゅうに乙姫様からお便《たよ》りがあり、早く龍宮へ帰ってこいとのお言いつけなのでございます。あなたに長いことお世話になり、なんとお礼申し上げてよいかわかりません。心残《こころのこ》りのことばかりですが、言いつけにはしたがわなければなりません。」

と、目になみだをうかべて言うのであった。

左衛門は、はじめのうち、妻が何を言っているのかよくのみこめなかった。しかし、なみだをうかべて言う妻の顔を見ているうちに、たいへんなことだということに気がついた。そして、それを引きとめるためにいろいろと話し合った。

しかし、妻の気持ちは少しも変《か》わらなかった。午後の日は、もうとっくに西の山へしずみ、あたりはうす暗くなりかけていた。

妻は左衛門に最後《さいご》の別《わか》れのことばを残して、水音も軽く船釜へとびこんでいった。左衛門は夢中《むちゅう》で妻のあとを追《お》った。

どのくらい水の中を歩いたことであろう。ずっと向こうにうっすらとあかりが見えた。近づくとますます明るくなり、にぎやかな音楽まで聞こえるのであった。妻《つま》はその方向へ軽い足どりで歩いていった。やがて、すばらしいご殿《てん》が見えてきた。ご殿の門のところで、妻は左衛門《さえもん》に待っていてくださいと言って中へはいった。どうなることかと左衛門は心配しながら待っていた。

やがて、音楽がこちらへ近づいてくるようであった。それといっしょに若《わか》い女の人の歌声も近づいてきた。間もなく、静かに静かに門の大とびらが開かれ、きれいな召使《めしつか》いにかこ

まれ、ひときわ美しい乙姫様《おとひめさま》が姿《すがた》を現《あらわ》した。左衛門は夢《ゆめ》を見ているようで、ぼんやりと見つめていた。

乙姫様は左衛門に向かって、にこやかに、

「わたしの召使いがあなた様に長いことお世話様になりました。きょうは、そのお礼を申し上げたく思います。どうぞこちらへ。」

と、左衛門を龍宮《りゅうぐう》へ案内《あんない》した。龍宮のろうかはすきとおったかべで、外《そと》側《がわ》と内側《うちがわ》がしきられていた。ゆかには美しくかがやく貝《かい》がらが散《ち》りばめてあり、歩くとそれに合わせて、その音が鳴るのであった。そして、その音楽に合わせるかのように数えきれな

いほどたくさんの若《わか》い召使《めしつか》いたちが、ろうかの両側へ立ちならび、深く頭をさげて左衛門《さえもん》をかんげいしてくれるのであった。

　いちばんおくの間《ま》に通された左衛門は、めずらしいお酒、めずらしい料理《りょうり》、そして、音楽に合わせておどる川ざかなのおどりにすっかり心をうばわれ、召使いの中にいるはずの妻《つま》のことをだんだんと忘《わす》れてしまうのであった。

　くる日も、くる日も、変わった料理とお酒が出された。そして、アユのおどりや、エビのおどり、メダカの集団おどりなど、まったく見たことのないおどりがくりひろげられた。

　何日ぐらいたったことであろう。何もしないで、おいしいごちそうを食べ、音楽を聞き、美しいおどりを見ているだけの生活に、左衛門はあきてきてしまった。そして、乙姫様《おとひめさま》に、

「たいへんごちそう様になりました。そろそろ家へ帰りたくなりました。」

と言うと、乙姫様は、

「まだ、いらっしゃって何日もたっておりません。どうかゆっくりしていってください。」

と言うのであった。

　しかし、左衛門はすっかりあきてしまったので、何回となく乙姫様に同じことを申し出るのであった。

「そんなにまで帰りたいのでしたら、しかたがありません。せっかくいらっしゃったので

すから、もっともっとゆっくりしていてもらいたかったのですが、やむをえません。」と言って、帰りぎわに、阿弥陀様《あみださま》のお姿《すがた》と、水切丸《みずきりまる》といううりっぱな名剣《めいけん》を左衛門におくった。

左衛門は、この二品《しな》のおくり物をいただき、乙姫様やたくさんの龍宮《りゅうぐう》のみなさんに送られて、ご殿《てん》から亀《かめ》の子渕《こぶち》のほうへと歩いてきた。ところが、亀の子渕へ来ると、外へ出る道に大きなふたがかぶさっていて、いくらおしても引いてもびくともしない。左衛門はどうしたものかさんざん考えた。いまさら龍宮へ帰るわけにはいかない。そうかといって、このふたをどのようにして動かしたものか、しばらく立ち止まっていた。

「あっ、そうだ。」

左衛門は、乙姫様からいただいた名剣、水切丸をとり出して、さやをはらい、ふたを目がけてひとつきついてみた。すると、びくともしなかったあのふたが、のたうつように動いて、ぱっと外のけしきが左衛門の目にとびこんできた。

龍宮から帰った左衛門は、外のけしきの美しさに今さらのように目を見張《みは》ってながめ入るのであった。日の光にかがやく外のけしき、その美しさ、龍宮にはない心のやすらぎをおぼえた。

のたうつように動いた亀の子渕のふたは何だったのであろうか。左衛門は、荒川《あらかわ》の水を見ておどろいてしまった。流れの中で大きな石のようなものがあばれているでないか。流れは赤く染《そ》まっている。それは、水の中であばれている怪物《かいぶつ》から流れ出る血であった。よく見るとそれは正覚坊《しょうかくぼう》（アオウミガメ）で、こうらの長さが一・八メートルもあった。さっそく近所の人に手伝《てつだ》ってもらい、正覚坊をたいじした。

左衛門《さえもん》のいただいてきた阿弥陀様《あみださま》と名剣《めいけん》は、鉢形村保田原《はちがたむらほだわら》にお堂《どう》を建《た》てておまつりしたという。しかし、いつのころか、このお堂が焼《や》けてしまい水切丸《みずきりまる》だけが残《のこ》ったので、これを、末野《すえの》の正竜寺《しょうりゅうじ》へ納《おさ》めたという。

（寄居）

# 梅若塚《うめわかづか》

いまから千年もむかしのこと、武蔵《むさし》の国と下総《しもふさ》の国の境《さかい》にあたる豊春《とよはる》の里（春日部《かすかべ》の旧《きゅう》豊春村《とよはるむら》）のあたりには、当時《とうじ》、大きくわん曲《きょく》して隅田川《すみだがわ》が流れていたといわれる。

その隅田川のほとりへ、ひとりの少年をかこむようにして、岩のようなあらくれ男どもが一そうの小船で近づいてきた。

春のはじめの隅田川はちょうど山の雪どけ水をはらんであふれるように水かさを増《ま》していた。少年は旅《たび》のつかれか、見るからに弱々しく、船《ふな》べりへすわっているのもやっとで、船がゆれ動くたびに苦しそうに顔をゆがめ、大男のほうへよろけた。

男どもはそれをじゃけんにおしやりながら、船が隅田《すみだ》の渡《わた》しにかかると、少年を船から引きずるようにして川岸におろした。少年は重い足を引きずるようにして、二、三歩前に進んだかと思うと、その場にばったりたおれてしまった。

大男どもはそのようすを見てもそ知らぬ顔で、急いで船に乗ると、もと来たほうへろをこぎだした。

少年がもうろうとした中で意識《いしき》をとりもどしたとき、目の前にいくつもの見知らぬひとたちの顔があった。

その見知らぬ顔から、少年が息をふきかえし、意識をとりもどしたと知るや小さなどよめきのようなおどろきの声がおこった。

「おお気がついた、……気がついたぞ。」

「おお、よかったよかった。」

おきあがろうとする少年のかたをおしとどめながら、中でも年長の男がいった。

「ああ、そのままでええ、そのまま……。」

「まだ、年はのいかぬ身で、いったいどうなされたのじゃ。」

少年はようやく、自分がたおれたところを親切なこの村びとたちに見つけられ、ここに運ばれたということがわかった。しかし、すでに身は弱りはて、おきあがる気力《きりょく》も失《うしな》っていた。

少年は息もたえだえに、村びとに問われるままに語った。

「わたくしは名を梅若《うめわか》と申します。父は村上天皇《むらかみてんのう》につかえる京都《きょうと》は北白河《きたしらかわ》、吉田少将惟房《よしだのしょうしょうただふさ》と申しましたが、わたくしが五才のとき帰らぬ人となってしまいました。母は、美濃国《みののくに》（岐阜県南部《ぎふけんなんぶ》）野上《のがみ》の長者《ちょうじゃ》といわれる家に生まれたひとりむすめで名を花御前《はなごぜん》と申します……。」

苦しい息の中から語る身の上話に村びとはじっと聞きいった。

「わたくしは十才のとき、父のおとむらいをかねて比叡山《ひえいざん》に登って仏門《ぶつもん》にはいりました。それからは一門《いちもん》のひとたちからかわいがられ、修行《しゅぎょう》もすすんできましたが、十一才の暮《く》れもおしせまったある日、母の使いとしょうするひとがみえて、山をくだったが、このものが奥州信夫《おうしゅうしのぶ》（福島県《ふくしまけん》）の藤太《とうた》という人買いでした。わたくしはだまされて遠いこの東国《とうごく》にまで引きつれられてきてしまったのです。その上わたくしはなれぬ旅のつかれと悲しみのために、とうとう、病《やまい》のためにたおれてしまいました。すると、もう助からぬ命と知った藤太はわたくしをここにすてていったのです。」

梅若の話がおわると村びとは、

「なんとひどいことじゃ。」

「それは気のどくに――。」

と、口々に同情《どうじょう》のことばをもらした。

年長の男は、これからどうするつもりかとたずねたが、それには答えず梅若《うめわか》は苦しい息の下から、

「わたくしはもう長くは生きられません。わたくしが死んだら、どうかこの道のかたわらにうめてください。」

と願うようにたのんだ。

村のひとたちの手厚《てあつ》いかいほうのかいもなく梅若は、

尋《たず》ねきて問《と》わば答えよ都鳥《みやこどり》
隅田川原《すみだがわら》の露《つゆ》と消《き》えぬと

という歌をさいごに残《のこ》して短い一生をとじてしまった。

ひとびとはこの梅若をあわれに思い、いわれたとおり川の近くになきがらをうめ、小さな塚《つか》を築《きず》き、ねんごろにほうむり、そのそばに一本の稚児桜《ちござくら》を植《う》えてやった。

梅若が藤太《とうた》にだまされて東国《とうごく》につれていかれたということは、ひとびとの口から京《きょう》の母のもとにも知れた。母、花御前《はなごぜん》はそれを聞くや梅若をさがしに京をすぐに出立《しゅったつ》した。

梅若が死んでいく年かが過《す》ぎ去《さ》ったが、村びとはこのあわれな梅若のことを忘《わす》れることなく、毎年春の命日《めいにち》になると法会《ほうえ》※を行《おこな》ってやった。

稚児桜も年々太さを増《ま》し、大きな木になって春には美しい花をさかせた。

ある年の法会のときである。

とつぜんその席へわが子梅若をさがし求めて歩きつづけていた母、花御前がとりみだしとびこんできた。

そして、そこに居《い》あわせたひとからわが子の死《し》を聞かされて、桜にとりすがり、わっと泣《な》きくずれた。

しばらくして、心をとりもどした母はわが子梅若《うめわか》のために静かに念仏《ねんぶつ》をとなえはじめた。その声は小さいけれどよくひびく声で、聞いている村のひとたちの心をうった。しばらく念仏をとなえていると、どこからかそれに和《わ》して念仏をとなえる声が聞こえてきた。村びとはおどろいて、どこからだろうとあたりを見まわしたが念仏の主《ぬし》は見あたらなかった。不思議《ふしぎ》に思い、じっと聞いていると、それは塚《つか》の中からの声のようであった。

「梅若っ。」

おどろきとなつかしさのあまり、母、花御前《はなごぜん》がおもわずわが子の名まえを呼《よ》ぶと、桜の木のかげに梅若のすがたがまぼろしのように現《あらわ》れた。

「おお、うめわか……。」

母がかけより、うでにだきかかえようとすると、梅若のすがたはかき消すようにすっと見えなくなってしまい、また現れては、こんどは梅若のほうから母にかけよろうとするのであった。しかし、ふたりは手をふれることもできず、ことばをただかけるだけだった。

このようすを見た村びとたちは、母をふびんと思い、梅若の塚のそばに小さな庵《いおり》をたててやった。

ここで花御前は名まえも妙亀《みょうき》とあらため、梅若のために朝夕の念仏をとなえ、ぼだいをとむらった。

しかし、梅若へのおもいは日がたつにつれてもつのるばかりであった。

ある日、妙亀はわが子梅若のことを思いながら野外に出てそぞろ歩くうらに、いつしか隅田《すみだ》の流れにほど近い、とある池のほとりに立っていた。

なみだがとめどなく妙亀のほおをつたわって流れ落ちた。あたりには、都鳥《みやこどり》がむつまじく群《む》れていた。妙亀は梅若が息をひきとるときに残《のこ》した歌を思い、自分でも、

くみ知りてあわれを思え都鳥
　子に捨《す》てられし母の心を

と、歌をよんだ。

すると、とつぜん池の上に梅若のすがたがけむりのように現れた。母、妙亀はわれを忘《わす》れて、

「おお梅若――。」

と前に走った。

梅若も母のほうにかけよったかのように見えた。しかし、そのままふっと消えてしまった。母はそのままわが子を手にしっかりだくようにして池に身を投《とう》じてしまった。

池には、何ごとも起こらなかったように都鳥《みやこどり》があいかわらず、むつまじく群《む》れとびかっていた。

母、妙亀《みょうき》が身を投げたというこの池は、今ではなくなってしまったが、以前《いぜん》は鏡池《かがみいけ》と呼《よ》ばれ、そのほとりに立ち、梅若《うめわか》の名を三度呼《よ》んで池のまわりをまわると、水の中に梅若のすがたがうかびあがったという。

（春日部）

注　※法会《ほうえ》＝供養《くよう》するために集まること。

# 石の中の話し声

これは、むかしの話。

木の芽《め》がそっとふくらみ、あたたかい風がふくと、シャラン、シャランと、荷馬《にうま》の鈴《すず》の音《ね》がきこえてくる。山をこえ、とうげを通って信濃《しなの》の国（今の長野県《ながのけん》）から、荷物を積《つ》んだ馬がやってくると、秩父《ちちぶ》の国にも、春がやってきたのをしらせてくれる。

「ああ、馬の鈴だ。」

「ことしも、もう春なのね。」

きょうだいふたりは、かげろうのたつ道にかけだした。白い土ぼこりをたてて、馬が近づいてくる。シャラン、シャラン……。

馬のたづなを引いたおじいさんは、白いひげを長くたらしている。

シャラン、シャラン……、とりいの前まできたとき、おじいさんと馬が、ぴたりととまってしまった。《オヤッ》と見ているうちに、おじいさんは、くずれるようにうずくまってしまった。

「ウ、ウウ、ウー。」

おじいさんは、うなりながら胸《むね》のあたりを、両手でおさえる。

「ウウッ、くっくっくるしい……。」

おじいさんは、ころげまわって苦しみだした。馬は、長い顔をおじいさんに近づけて、まえあしで地面をパカパカと、けりたてている。

「おじいさん、どうしたの。」

「どこが苦しいの。」

きょうだいは、思わずかけよった。おじいさんは、ウンウンうなりながら、胸をかきむしって苦しむだけである。

きょうだいは、おじいさんをうちにはこんで、ざしきに休ませ、馬は庭につないで、荷物をおろした。妹は、赤いたすきをかけたまま、苦しむおじいさんを、なでたりさすったりする。兄は、薬草《やくそう》をせんじて、薬をつくってのませた。

このきょうだいは、両親とは、とうのむかしに死にわかれている。——兄も妹も、このおじいさんを、ほんとうのおとうさんのように、かんびょうしてあげた。けれども、おじいさんの病気は、さっぱりよくならない。妹の目には、なみだが光っていた。

こうして、三日が過《す》ぎた。

ろくろく口もきかずに、うなってばかりいたおじいさんが、むっくりおきあがって、さけびだした。

「ばあさんや、ばあさん………。」

兄も妹も、はっとした。

「おじいさん、どうしたの。」

「またいたむの、苦しいの。」

右と左から、おじいさんにすがりつくと、おじいさんは、大きな目をみひらいて、ふしぎそうにあたりを見まわした。

「ああ、夢《ゆめ》だったんだな。いま、国のばあさんと、お茶をのむところだったよ。ガラガラと、茶釜《ちゃがま》でわかしてな。」

「ああ、お茶がのみたくなったのね。」

おじいさんのことばを聞いて、妹は、いろりに火をつけた。………ガラガラと音をたて、茶釜《ちゃがま》にお湯がわきだした。妹のいれたお茶を、おじいさんは、ごくりとうまそうにのんだ。

そのとき、ヒヒーンと、庭につないだ馬がいないた。

「ああ、そうじゃった。わしは、信濃《しなの》の国から、馬を引いてここへ来たのじゃったな。そして、この小鹿野《おがの》の里まで来て、思わぬ病気で、見ず知らずのおまえさんたちに、えらいおせわになってしまったのじゃな。」

おじいさんは、やっと、三日前からのことを思い出したようだった。

「わしは、十六のときから馬ひきをして、まいとし春になると、信濃の国からこの秩父《ちちぶ》の国へやってきたのじゃ。しかしのう、こんどばかりは、ばあさんが心配していた。それをふりはらって出てきてしまったのじゃ。」

おじいさんは、目をつむって、むかしのことや、おばあさんのことを、思い出そうとするようである。

「まいとし来ていたこの国じゃが、もういけないよ。けれども、おまえさんたちの親切《しんせつ》は忘《わす》れないよ。ほんとうの子のような気がしてきたものな。なんのお礼もできないが、馬と荷物は、おまえたちにあげる。――それから、信濃の国を出るときに、荷物のつりあいをとるために、馬につけてきた石が二つ。これをかたみにあげるから……。」

おじいさんの声に、きゅうに力がなくなって、ことばがとぎれとぎれになった。

「おじいさん――。」

「おじいさん、しっかりして。」

兄と妹がよびかけたが、おじいさんは、きょうだいの手をにぎったまま、まもなく息をひきとった。きょうだいは、泣《な》く泣《な》くおじいさんのとむらいをすませた。

馬の荷ぐらの中に、おじいさんの言いのこした、二つの石があった。にぎりこぶしぐらいの石である。きょうだいは、おじいさんの苦しみだしたとりいのそばに、二つの石をそっとおいた。

ところが、これはどうしたことか。二つの

石は、いつかだんだん大きくなっていくではないか。村の人たちも、ただただ目をみはるばかりだった。二つの石は、かかえきれないほどになったが、まだまだとまらない。ぐんぐん石は大きくなって、五、六人かかからなければ、かかえられないほどになってしまった。

ある日のことである。――通りかかった村人は、大きくふくらんだ石の中から、話し声のするのを聞いた。

「へんだぞ、石の中から話し声がするなんて………。」

「おまえも聞いたのか、わしも聞いたぞ。」

うわさを聞いて村の人たちは、こわごわ石に近づいて、耳をあててみた。

「なあ、ばあさん。」という、としよりの声がかすかに聞こえたと思うと、ゴウ　ゴウ　ガラ　ガラ………。それは、茶釜《ちゃがま》のお湯がわくような音であった。旅さきでなくなった、おじいさんのかなしい声かもしれない。それとも、信濃《しなの》の国で、おじいさんとおばあさんが、お湯をわかしている音かもしれない。――と、村人がうわさをしあった。

話がひろまって、信濃の国からはこばれたこの石は、いつからともなく、村の人たちから、「信濃石《しなのいし》」とよばれるようになった。


（小鹿野）

# 田《た》植《う》え地《じ》蔵《ぞう》

むかし、東松山の高坂《たかさか》から川島《かわじま》へ向かう道をひとりのみすぼらしいなりをしたじいさんが、歩いておった。

じいさんは、百しょうたちが野ら《(田畑)》で働《はたら》くすがたをながめながら、ゆっくりあてもない旅でも楽しんでいるふうにもみえた。

水無月《みなづき》（六月）の空はめずらしく晴れわたって、木のみどりが目にしみるように美しかった。じいさんは、おいわけ（左右にわかれている道）にさしかかると、そこにあったお地蔵《じぞう》様をにっこりながめ、そのひゃっこい《(冷たい)》頭をなぜてから、どちらの道にしようかと考えるふうだった。それも、ちょっとの間《ま》で、じいさんは道を右におれて、またゆっくり、ゆっくり歩いていきなすった。

すこしほこりでよごれた小そでを、初夏の風がふきあげて、ひらひらと舞《ま》うので、遠くからみていると、まるで雲の上にでものっているようにみえた。

じいさんの足が、とあるところでとまった。あたりはどこまでもつづくいちめんのたんぼで、いま村の人たちは総出《そうで》で田植えのまっさいちゅうだった。じいさんは、道のかたわらの小さな石にちょこんとこしをかけると、つえを左手にもちかえ、右手で、かぶっているかさをちょっと上にもちあげて、人々が働《はたら》いているようすをじっとながめておった。村の人たちは、男も女も手をやすめるひまもなく、働きつづけていた。

やがて、じいさんは、何を思ったのか、ことこたんぼのあぜ道をはいっていくと、なにやら村の人たちに話しかけているふうだった。

じいさんは、田植えに精《せい》を出して働いている人たちに、

「あした、どのたんぼにもわしがお手伝《てつだ》いをしてしんぜよう。」

と約《やく》そくしなすったという。

その話を、村の人たちはおどろいたり、あきれたりしながら聞いていたが、夕方その日の仕事をおえて家路《いえじ》についた。

そして、次の朝、たんぼに出てみて、あっとおどろいた。

きのうじいさんが約《やく》そくしたとおり、みわたすかぎりのどのたんぼにも、じいさんがまっくろになって田植えをしているすがたがうつったからだ。じいさんはしりっぱしょりをして、たすきをかけて、左手でなえのたばをつかむと、右手でそれを一本一本おどろくほどのはやさで植えていく。村の人たちがおどろき、わいわい言っているうちにも、じいさんの仕事はどんどんはかどって、とうとう、午後のまだ日が高いうちに田植えをおえてしまった。

村の人たちは、この不思議《ふしぎ》なじいさんに、

「あなたは、どちらの方ですか。」

とたずねると、じいさんは、

「わしか、わしは高麗《こま》の新堀《にいほり》のものじゃ。」

といって、つかれたようすもなく、人々がおどろいているようすをみて、明るくすんだ大声で、わっはっはっは、と笑《わら》いなすった。

あたりいちめんは、いま植えたばかりのさなえがそよ風にふかれて波のようにゆれておった。

そのまま帰ろうとするじいさんに、村の人たちはお礼をいい、おみやげをつくって、新堀まで送っていくことにした。

じいさんは、村の人たちと新堀のはずれまでくると、みの輪《わ》の霊岩寺《れいがんじ》というお寺の境内《けいだい》へ、急ぎ足ですたすたとはいっていった。見送りの人たちもそのあとを追いかけるようにはいっていくと、じいさんのすがたがみあたらない。おどろいてあたりをさがしたけれど、じいさんは、地の中にでももぐったのか、どこをさがしてもみあたらなかった。

不思議に思いながら、村の人たちはあきらめて帰りかけた。でも、お堂《どう》におまいりしていこうと、そこにまつられている地蔵《じぞう》様のかけじくをみて、あっとおどろいた。

そのお地蔵様のお顔が、じいさんの顔にそっくり同じだったからだ。村の人たちは、おちつきをとりもどして、そのお顔をもういちどよくみたが、やはり、じいさんの顔にそういなかった。

見送りにきた村人たちは、そこで初《はじ》めて、田植えを手伝ってくれた不思議なじいさんが、じつはこのみの輪のお地蔵様の化身《けしん》であったことに気がついた。

「ああ、ありがたいことじゃ。ありがたいことじゃ。」

といって、手をあわせて、なんどもなんども、このお地蔵様をおがんだそうじゃ。

と、よくみると、お地蔵様の足のこうが少しむくんではれているようにみえた。

「あれ、お地蔵様の足がはれている。」

「あれは、田植えのときひるに吸《す》われたあとじゃ。」

「おお、そうじゃそうじゃ、お地蔵《じぞう》様のお足がふくれている。」

村人は、お地蔵様にたいしてあらたなおどろきと親しみで、なんどもなんども頭をさげて帰っていったという。

そのときから、このお地蔵様のお足は、いまでも少しふくれているということじゃ。

（日高・川島）

# 豆木法印《まめぎほういん》

豆木法印《まめぎほういん》という、おぼうさまがおったと。普門寺《ふもんじ》のおぼうさまだが、徳《とく》の高い、ありがたいお方だったそうな。若《わか》いころから、人人を不幸《ふこう》や苦しみからすくってやりたいと思い、毎日、きびしい修行《しゅぎょう》をかさねなさった。そのおかげで、今では、お寺におまいりする人々の顔を見ただけで、その人のなやみごとや苦しみを読みとることができるようになったそうじゃ。村人たちは、もう、法印さまでなければ、夜も日もあけないありさまじゃ。法印さまは、朝に晩《ばん》に、村人たらの相談《そうだん》ごとで、まったく、てんてこまいじゃった。

法印《ほういん》さまにわかるのは、人間の心だけではなかったと。小鳥の話もききわけるふしぎな力も身につけておったそうじゃ。


ある朝のことだ。

冬は、もう、すぐそこまでやってきておった。広い境内《けいだい》の、イチョウもケヤキも、エノキも、とうに葉をおとしてしもうて、大きなえだが、さえわたった朝空をグンとささえておったわ。

法印さまは、寺男《てらおとこ》と、お庭の落ち葉をはいておられた。

エノキのえだに、どこから集まってきたのか、ぎょうさん《(たくさんの)》なすずめが、すずなりにかたまり、にぎやかにさえずりはじめたと。

「朝から、にぎやかなことよのう。」

と、法印さまは、落ち葉はきの手をやすめて、ふりあおがれた。

「おお、おう。ぎょうさんに……。」

法印さまは、ほうきを立て、えの先に両手をかさね、その上にご自分のあごをのせかけておった。

やがて、ひとりにこにことうなずき、目を細めて、すずめたちに呼《よ》びかけたそうじゃ。

「そうか、そうか……。それはうれしいことじゃのう。さ、さ、早く行きなされ、行きなされ。」

そのかたわらで、庭をはいていた寺男は、びっくりして、

「おしょうさま、なんでございますだ。」

「うん、すずめたちというものは、えらいものじゃのう。よう助け合っておるわ。」

と、にこにこしておられる。

「へえ……？」

「そなたたちには、わかるまいがのう。今、すずめたちは、こんな話をしておったのじゃ。今、鳩山《はとやま》で、馬の背《せ》につけた米だわらの荷がこぼれて、米がいちめんにちらばっておる。みなの衆《しゅう》、食べに行こう。それはすごい、すごい。行こうかいの、行こうかいの、となあ。」

これを聞いた寺男《てらおとこ》は、

「法印《ほういん》さまは、いつからすずめたちと話ができるようになったんだろう。たいしたものだ。」

と、すっかり感心してしまった。

このうわさは、寺男から村人たちに伝《つた》えられ、たちまち村じゅうにひろまったそうじゃ。

法印さまは、ますます深く敬愛《けいあい》され、村人たちは、ことあるごとに法印さまにおすがりして、しあわせにくらしたということじゃ。

（加須）

# カッパのさかさ桜《ざくら》

むかし、児玉《こだま》地方の山畑にはカズ（楮《こうぞ》）がたくさん植《う》えられてありました。このカズの皮は紙の原料《げんりょう》になるので、山からカズを切ってきて、大きな釜《かま》に入れてふかし、皮をとり、天火《てんぴ》に干《ほ》すのがこの地方の農家の冬の仕事でした。

甚兵衛《じんべえ》さんは、農家をまわってこのカズの皮を買い集め、馬の背《せ》に積《つ》んで、小川《おがわ》の町に売りに行っていました。

ある日のことです、カズを売っての帰り道、いつものように好《す》きなショウチュウを一ぱいひっかけて、暗い夜道をほろよいきげんで、陣街道《じんかいどう》の一本榎《えのき》あたりまで帰って来たときのことです。馬が急におびえだし、あと足で棒立《ぼうだ》ちになって、前へ進みません。よく見ると馬のしりのところに、なにか黒いものがくっついています。甚兵衛《じんべえ》さんは、

「ハハーン、これがこの付近《ふきん》で人に悪いことをする、うわさのカッパだな?」

と思うと、一ぱいやっている元気も手伝《てつだ》って、カッパのえり首をむんずとつかんで引きおろしました。カッパも力が強く、とっ組み合いとなり、なかなか勝負《しょうぶ》がつきません。そのうちに甚兵衛さんは、「ヤッ。」というかけ声とともに、カッパを高々とさし上げ、そばの岩をめがけて投げつけました。そして、カッパに馬のりになって首をぐいぐいとしめつけました。すると、カッパは苦しい息の中で、

「甚兵衛さん、おれが悪かった。少し首をゆるめておくれ。おれは、いままで多くの人を苦しめてきたが、あんたほど強い人は初《はじ》めてだ。もう悪いことはしません。おれは、こんばんここをたって、甲州《こうしゅう》(今の山梨県《やまなしけん》)の昇仙峡《しょうせんきょう》へ行くよ。行ったしるしに間瀬《まぜ》の頂《ちょう》上《じょう》の左側《がわ》に桜《さくら》のえだをさかさにして行きましょう。その桜のえだから根が出て、いまに大木となって美しい花をさかせますよ。けれども、桜の木がかれた年は大水が出るから注意《ちゅうい》しておくれ。これからは、悪いことはしません。カッパはうそはつきません。」

と、泣《な》いてたのむのでした。甚兵衛さんはカッパを放《はな》してやりました。カッパはお礼を言

いながら、暗やみに消えて行きました。

よくあさ、甚兵衛さんは目をさましました。どうもゆうべのことが夢《ゆめ》のように思えてしかたありません。

「まあいい。間瀬峠《まぜとうげ》まで行ってたしかめてみよう。」

と、甚兵衛さんは峠をさして急ぎました。頂上にはカッパの言ったとおり、左側のところに桜のえだがさかさにさしてありました。

「カッパめ、約《やく》そくどおり、甲州の昇仙峡へ行ったな。」

と、つぶやきました。

それから、いつもの平《へい》ぼんな毎日が続きました。甚兵衛さんが投げつけた石はカッパ石と呼《よ》ばれるようになりました。また、桜はぐんぐん大きくなって、児玉《こだま》からも、秩父《ちちぶ》からも見える大木になりました。そして、毎年春になると美しい花をさかせて、おおぜいの見物人の目を楽しませてくれました。不思議《ふしぎ》なことに、この桜のえだはみな下向きになっていて、花も下向きにさきます。人々はこの桜に「カッパのさかさ桜《ざくら》」と名づけ、有名《ゆうめい》になりました。

甚兵衛さんは、おじいさんになりました。近所の子どもたちを集めて、

「わしが若《わか》かったころだがね。ホラ、あの陣街道の大きな一本榎のところに毎夜カッパが

出てきて、通行人にいたずらしたものだ。わしがこらしめてやったところ、わびのしるしに桜《さくら》の小えだをさかさにさしてにげおった。あれから五十年にもなる。大きな木になったものだ。だが、あの桜がかれる年には大水が出るから注意《ちゅうい》しろ、とカッパのやつがわしに言っておったがな。」

と、子どもたちに話して聞かせました。

あれから長い月日が流れ、百年も二百年もたったので、この話もいつしか忘《わす》れられてしまったある年の春、野山の草木に芽《め》がでて花がいっぱいさいても、あの桜の木には芽が出ません。かれてしまったのです。そして、その年の九月、雷《かみなり》をともなった大雨が七日七夜降《ふ》り続いて、山はくずれ、川ははんらんし、家や田畑は見るかげもなくおし流されて、一面、どろの海となってしまいました。

この時の大嵐《おおあらし》が有名な明治《めいじ》四十三年の嵐だったとのことですが、その嵐で桜の木も流され、カッパ石も土にうまってしまったのだそうです。

甲州《こうしゅう》の入り口の猿橋《さるはし》へ行ったら、橋の上から谷底の渕《ふち》に向かって、大きな声で「オーイ。」と声をかけてごらんよ。水の底からカッパが、「テエー、児玉《こだま》の人かよー。なつかしいなあ。」と言うかもしれませんよ。

（児玉）

# けちんぼな男とクモ女

むかし、秩父《ちちぶ》の山国に、けちんぼな男がいた。むかしのことだから、それは食べ物をたいせつにしたものだが、困《こま》っている人を見れば、わけてやらずにはいられなくなるのが人の情《なさ》けというもの。ところが、この男ときたら、人にものをくれてやるなんて、ただの一度だってしたことがなかった。それどころか、嫁《よめ》ごをもらうとめしをくわせなくてはならないと、嫁ごをもらわないでいた。

ところで、ある日、けちんぼな男のところへ、口のない女がやってきた。

「どこからきたか知らないが、口のない女というのはめずらしい。おれの嫁ごにもってこいの女だ。」

と、男は考え、さっそく、嫁ごにもらった。

さあ、その次の日から、けちんぼな男は、嫁ごが朝早く起きて用意してくれた朝めしを、自分だけでパクパクと食べてしまうと、さっさと仕事にでかけてしまった。夜になって家に帰ってくれば、晩《ばん》めしのしたくはできてるし、ふろはちゃんとわかしてあるし、まったくつごうのよい嫁ごをみつけたものだと、うれしがっていた。

でも、やっぱり、その男もいく日かたって気がついた。

「人間が何も食べなくても生きていられるとは、おかしいぞ。おれが仕事に出たあとで、いったい何をしてるのだろう。」

男は、次の朝、仕事に出かけるふりをして外に出たけれど、こっそり二階《かい》によじのぼって、わらのかげから女のようすを見ていた。しばらくすると、女は、大がまでめしを三十人分もあるほどたきあげた。

「いったい、どうするつもりなのか。」

と思ってみていると、女は、かみの毛をほどいて右と左にすき分けた。

「あっ！」

と、出かかった声を、男はあわてて両手でおさえた。女の頭のてんじょうが、ばかっと、でっかい口をあけたのだ。女は、でっかいしゃもじを持ってきて、大がまのめしを、頭の上の口にすくいこんでバクバクと食べはじめた。そして、一つぶ残《のこ》らず食べてしまうと、またもとのようにかみの毛をゆって、なにくわぬ顔で、おふろをたいたり、晩《ばん》めしのしたくにとりかかったりした。

男は夕方になると、何も知らない顔で帰って、

「やれやれ、きょうはくたびれた。」

といって、まずおふろにはいった。

「いったい、あの女をどうしてくれようか。」

と、おふろの中で考えていると、とつぜん、

「バタン。」

と、おふろのふたをかぶせられてしまった。さあ、おしても引いても開かない。そのうちに女は、なわでふろおけをしばって、そのなわに太い丸太をとおして、ふんとこさ、とかつぎあげた。そうして、うらの山へ、ふんとこさ、どっこいさ、と登っていったんだ。

ところが、あんまり重たいので、とちゅうでくたびれてしまった。

「ここまでくれば、もうしめたものさ。さて、ひと休み。」

女は、そういって、ふろおけをおろすと、どっこいしょ、とこしをおろして休んだ。

「よし、にげ出すのなら今のうちだ。」

と、男は考え、そっと、ふろのふたをおし上げてみた。すると、運よくなわが少しゆるんでいたので、そっとぬけだし、みつからないように木に登ってかくれていた。

「さて、早く帰って、子どもたちをよろこばせてやらなくちゃ。」

女は、そういうと、ふろおけを、ふんとこさ、とかついだ。

「おやおや、ああ、そうか、休んだからかるいのだな。そうかそうか。」

女は、そういいながら山を登って行った。

「ようし、どこまで行くか、つきとめてやれ。」

と、男はふるえながら、女のあとをつけていった。すると、山の中にどんどんはいっていき、でっかい岩あなを、どんどんはいっていった。男は、入り口に近よって、じっとようすをうかがっていると、

「みんな、よくおとなしく待っていたなあ。きょうは、おみやげにでっかいさかなをとってきたから、みーんなに分けてやるぞ。」

女は、そういって、ふろのふたをあけたと。

「や、やや、さてはにげたなあ。」

女は、くやしそうになって、岩あなの入り口のほうをにらんで、

「ようし、今夜こそ、クモになって、きっとつかまえてきてやるぞお。」

男は、青くなって、ふるえあがってしまっ

た。やっとのことで、家までにげ帰ると、近所の人たちに助けをたのんだ。

近所の人たちは、男の家に集まって、戸じまりをしっかりしたり、鉄の火ばしをいろりでまっかに焼《や》いたり、竹やりを作ったりして、クモがあらわれるのを待っていた。

そのうち、だんだん夜がふけて、あたりがすっかり静まりかえったとき、いろりの灰《はい》がむくっ、むくっ、と動きだした。

「クモだあっ。」

と、男はさけんだが、こしをぬかして、その場に気をうしなってしまった。近所の人たちは、それっとばかりに、焼け火ばしや竹やりで、灰の中からあらわれたでっかいクモとたたかった。そして、やっと、大グモをたいじしたそうだ。

その後、けちんぼだった男も、人がかわったように情《なさ》け深い男になり、よく働《はたら》いたと。

（大滝）

# 月日のたつのははやいものだ

むかし、お日様とお月様と、かみなり様の三人が、お伊勢《いせ》まいりに出かけました。

とちゅうで、宿屋《やどや》にとまることになり、三人は旅《たび》のつかれをなおすために、ぐっすりねました。

次の朝、かみなり様が目をさますと、お日様とお月様がいません。そこで、つれのふたりはどうしたか、と宿のひとに聞きました。

すると、宿のひとは、

「おつれ様は、あなた様がぐっすり休んでいて、いくら起こしても起きないので、しか

たがないから、ひとまず先に行くといって
お出かけになりました。」
といいました。
すると、かみなり様は、
「ほう、もう出かけたのか、月日のたつのは
はやいものだ。それでは、わしは夕だちに
しよう。」
といったとさ。

（飯能）

# おさきの沼《ぬま》

はて、あれはいつごろのことか、とにかく、遠いむかしのことでございます。

埼玉村《さきたまむら》に、百姓夫婦《ひゃくしょうふうふ》が住んでおりました。妻《つま》は、おさきと申しますが、小さいころ、ふとしたあやまちから片方《かたほう》の目をつぶしてしまい、今は、その片方の目は、みにくく落ちこんではおりますが、たいへん心のおだやかな人で、村人たちの評判《ひょうばん》もよく、毎日、しあわせな日々を送っておりました。

ふたりの間には、子どもがございました。たったひとりの男の子で、そのかわいがりようといったらございません。野《の》ら仕事に出るときは、夫《おっと》はくわをかつぎ、おさきは子どもを背《せ》にし、いつも、親子三人、水いらずで、まったく、村人たちもうらやむほどでございました。

さて。

ある日のことでございます。おさき夫婦は、いつものように、親子三人で野ら仕事に出ました。春の日はあたたかく野にあふれ、冬のさむさをじっとしのんできた田畑の麦も、ここいく日かで、めっきり葉先をのばしておりました。

おさき夫婦は、せっせと麦の手入れにはげんでおりました。春の日のあたたかさと、おさきの背のぬくもりに、子どもは、いつしか気持ちよくねむりこんでいました。

おさきは、ねむった子をそっとおろすと、畑のあぜにしいた花ゴザの上にしずかにねかせて、ふたりは、また仕事にはげんだのでございます。

しばらくは、のどかな時が流れました。

おさきは、ふと、畑のあぜにねかせた子どものことが心にかかり、こしをのばして、ねむっているわが子のほうに目をやりました。

と、どうしたことでございましょう。今まで、しずかにねむっているものとばかり思っていた子どもの姿《すがた》がありません。

おさき夫婦《ふうふ》はおどろいて、あぜみちにとび出したのでございます。ふたりは、あちらのたんぼ、こちらの畑と、とびまわりました。しかし、子どもの姿《すがた》は、どこにもございません。われを忘れたように、おさきは、子どもの名をよびながら、なおも、あぜみちというあぜみち、草むらという草むらをさがしまわりました。

こうして、おさきは、とある沼《ぬま》のほとりまでまいりました。

おさきは、もしや、と沼をのぞきました。なんとしたことでございましょう。今までさがしにさがしていたわが子の姿が、沼の水面《すいめん》にういているではありませんか。びっくりぎょうてんしたおさきは、わが子めがけて、いきなり沼にとびこんだのでございます。

しかし、沼には、わが子はおりませんでした。沼の水面にうかんでいたのは、実は、大わしにさらわれたわが子の姿がうつっていたのでございます。子どもをさらってきた大わしは、この沼のほとりの大木《たいぼく》につばさを休めていたのでございます。

おさきは、水中深く身をしずめると、そのまま、ついにふたたびうかんでまいることはございませんでした。

さて、このようにあわれな死をとげたおさきの一念《いちねん》は、いつまでもここに残《のこ》っておるのでございましょうか。この沼にはえる葦《あし》は、どれもこれも片葉《かたは》であったり、また、この沼

にすむかえるが、みな目《め》が片方《かたほう》だけであるのはこのためだ、と、後《のち》の人々は語り伝《つた》えておるのでございます。

また、この近くに住む人々は、以後《いご》、この沼《ぬま》を、おさきの沼、または、おさき沼と呼《よ》ぶようになったということでございます。

（行田）

# まわりぶちのくも

朝つゆがしっとりとおりた、しずかな朝でした。

木こりのもくべいさんは、おかみさんにめんぱ（木で作ったべんとうばこ）のなかにごはんをたくさんつめてもらうと、すかり（草であんだものいれ）にいれ、日野山《ひのやま》へはいっていきました。

「ねえ、きょうはまわりぶちでの仕事なんだから、きをつけておくれよ。あそこにはおまえさんもしってるように、おかしなはなしがあるんだからさ。」

「なに、なに。そんなことでおじけづいていたら、木こりのもくべいの名まえがないてしまう。」

山道をあるきながらもくべいさんは、家をでるときおかみさんとかわしたことばを、ふとおもいうかべました。

まわりぶちについたもくべいさんは、青くよどんでいるまわりぶちをとりまくように、

ニョッキ、ニョッキとたっている木の一本にすかりをかけると、おのをいっしんにとぎはじめました。

もくべいさんのとぐと石の音が、サー、シュー、と、しばらくのあいだきこえていましたが、やがてその音は、するどいはものが木のみきにあたる音にかわっていきました。

コッ　クーン

コッ　クーン

ギッ　ギー

「木こりのもくべい」と、もくべいさんがじまんするほど、もくべいさんのふりおろすおのの力は、すさまじいものでした。

もくべいさんは、ひたいからながれおちるあせをぬぐおうともせず、いっしんに木をきりたおしはじめたのです。

まわりぶちをとりまいている大木《たいぼく》が五本十本ときりたおされると、まわりぶちのあたりは、一めんに光がさしこんできました。

「もう一本か。それにしても、もうなん時ごろなんだろう。」

もくべいさんが空をふりあおぐと、おひさまは、くまくら山の峯《みね》をはるかに西へとおりこしていました。

「どうりではらがへったはずだ。おひるをいただくとしよう。」

まわりぶちの水で手をあらうと、おかみさんのつくってくれたおべんとうをたべはじめました。

まわりぶちに流れ落ちるたきのそばには、ききょうが一《ひと》えだ、たきのしぶきをあびてむらさき色にひかっていました。

もくべいさんは、おべんとうをたべおわると、一本だけのこった大木にもたれて、目をしずかにとじました。

たきの上をながれる風は、ほどよくひえて、遠くでなくせみの声が、ゆめのようにきこえていました。

「もくべいさん、もくべいさん」

もくべいさんは、はっと起《お》きあがると、あたりをみまわしました。

「なんだ。そらみみだったのか。」

やさしい声のぬしは、どこにもみあたりませんでした。かわったことといえば、まわりぶちの水の上に、一ぴきのくもが、それも、小ゆびのあたまほどのくもがういているばかりでした。

もくべいさんは、また、大木《たいぼく》にもたれるようにして目をとじました。

「もくべいさん、もくべいさん。こちらへおいでなさいな。」

また、やさしい声が、もくべいさんをよびつづけました。

もくべいさんは、ものうげに目をあけると、ふちの中にういているくもをみていました。ふちにういていたくもは、八本のながい足をきみょうにふると、水の面をすべるようにわたって、もくべいさんのなげだした足のそばにちかよってきました。そうして、前足二本をおがむようにふりはじめると、ほそい糸をもくべいさんの足にかけはじめました。

一まわり足にかけると、くもは、前足をふりました。

二まわり足にかけると、くもは、また、前足をふりました。

三まわり足にかけると、くもは、八本の足をぜんぶふりはじめました。それは、おどりをおどるようでもありました。

おどりのおわったくもは、いそがしそうに、まわりぶちにはいっていってしまいました。

もくべいさんは、足にからんだくもの糸をはずすと、よりかかっていた大木にまきつけました。そして、そこにごろんとよこになると、ねむってしまいました。

くもの糸など足にかかっていても、気にかけることはなかったのですが、ひとねいりしたあとは、糸をきらなければならないとおもったからでした。すをつくりはじめてから糸をきってしまうのでは、くもがかわいそうにおもえたのです。

「もくべいさん、うつくしいところへごあんないいたしましょう。」

やさしい声がしました。その声は、前、もくべいさんをよんだ女の人の声とおなじでした。

もくべいさんは、かすかに目をあけました。

風もふいていないのに、さっきまでよりかかっていた大木が、ゆさゆさとゆれはじめているのです。目には見えないほどだったくもの糸が、こう鉄のロープのようになって、大木をつよい力でひきはじめているのです。

ギイー　ギイー

大木はひっしにこらえるようにみえましたが、とうとう、つよい力にはかてず、その場にひきたおされてしまいました。そして、まわりぶちのなかにひきこまれてしまいました。

「もくべいさん、木こりのもくべいさん。いつかもくべいさんを……。」

その声に、もくべいさんは、はっとわれにかえりました。あまりのことに、おどろきの声さえでないほどでした。

こんなことがあってから、まわりぶちへちかよる人はなくなってしまいました。いまも、小ゆびのあたまほどのくもがいるのか、むらさきのききょうがきれいにさくのか、しっている人はひとりもありません。

（荒川）

# 両頭庵沼《りょうとうあんぬま》

滑川《なめかわ》（比企《ひき》）の中尾《なかお》というところに両頭庵《りょうとうあん》という名の沼《ぬま》があります。

両頭庵沼は、青い水をたたえた深い沼です。いまではこの沼の水はたんぼにひかれて、豊《ゆた》かないねをみのらせています。

そのむかし、ひどいひでりが続《つづ》いて、沼の水がかれてしまったときがありました。

そうなると、たんぼのいねは育《そだ》たず、村人のくらしが貧《まず》しくなったのはいうまでもありません。

「どうか、どうか雨をふらせてください。」

村人たちは沼にあつまって、毎日毎晩《ばん》、雨《あま》ごいをしました。

村人のなかには、ろくに食べ物を食べていないから、力つきてたおれる者や、なかにはうえ死《じ》にする者さえいました。

ところで、そのころ、沼のそばの小さなお堂《どう》におじいさんと美しいむすめが住んでいました。そのむすめは、不思議《ふしぎ》な術《じゅつ》をこころえていて、人々の病気をなおしていたのです。

こまりはてた村人たちは、このむすめならば、きっと雨を降《ふ》らせることができるだろうと、話し合いました。その相談《そうだん》はすぐまとまって、村人たちはお堂へでかけました。

むすめは、もとより情《なさ》け深《ぶか》い心の人でしたから、こころよく引き受けてくれました。ただ、そのとき、こういいました。

「これから七日七夜の間、私《わたくし》がお祈《いの》りをしますから、どんなことがあっても、このお堂に近よってはいけません。」

そこで、村人たちは、七日の間、天をあおぎ見ては、いまかいまかと雨がふってくるのを待っていました。ところが、七日たっても、天にはなんの変化《へんか》もありません。

「ひとをばかにしやがって。」

待ちきれなくなった吾作《ごさく》という男が、約《やく》そくを破《やぶ》ってお堂に近づいたのは、七日めの晩でした。

吾作《ごさく》は、おそるおそる戸のすき間から、お堂《どう》の中のようすをのぞいて見ました。

「あっ！」

吾作はそうさけんだきり、気を失《うしな》ってしまいました。中には、頭の二つあるおそろしい大蛇《だいじゃ》がとぐろをまいていたのです。大きな目を鏡《かがみ》のようにかがやかせ、まっかな大きな口から長い舌《した》を出して、おそろしい炎《ほのお》をふき上げているではありませんか！

のぞかれたことを知ったらしい大蛇は、とつぜんおどり上がって、お堂《どう》をこわして外へとび出しました。たちまち、あたりに黒雲がたれこめ、はげしいかみなりがなりだしました。おそろしいいなびかりとともに、大雨がふりだしました。

雨は三日三晩《ばん》ふり続《つづ》いてやみましたが、おかげで、沼にあふれるほど水がたまり、たんぼのいねは青々とよみがえりました。

村の人たちは、大よろこびで沼へ集まってきました。けれども、この間までそこにあったお堂はあとかたもなく、おじいさんもむすめも、どこにもいません。ただ、お堂のあったところに、吾作が気を失《うしな》ってたおれているばかりでした。

村人たちは、吾作をかいほうしました。やがて、吾作は気がついて、あのおそろしい二つ頭の大蛇《だいじゃ》の話をしました。それをきいて、村人たちは口々に、

「あのむすめは、竜神《りゅうじん》さまの化身《けしん》だったにちがいない。竜神さまがむすめにばけていて、

わしらを助けてくれたのだ。ああ、ありがたいことだ。」

と、なみだをこぼしていいました。

村人たちは、沼《ぬま》のはしに小さなお堂をたてて、「両頭庵《りょうとうあん》」と名づけました。その後、毎年おまつりをして、竜神《りゅうじん》さまのごりやくに感謝《かんしゃ》してきました。

そういうことがあってから、この村には不作《ふさく》ということがありません。人々の心もおだやかで、くらしもたいへん豊《ゆた》かになったということです。

（滑川）

# 見《み》沼《ぬま》の笛《ふえ》の音《ね》

今、さいたま市の東のほう一帯《いったい》にあるたんぼは、見沼《みぬま》たんぼといいます。

このたんぼも、今から二百五十年ほどむかしは、大きな田の用水をためておく見沼でした。

この見沼がもっと大きかった室町《むろまち》時代のころ、今の見沼区の大和田《おおわだ》から中央区（旧与野《よの》）にかけて、夕暮《ゆうぐ》れどきになると、きまって笛《ふえ》をふいてさまよいあるく美しい女の人がおりました。

しかも、月のきれいな晩《ばん》などにふく笛の音《ね》のやさしさは、心がひきいれられるようなよい音でした。

見沼のほとりの村の若者《わかもの》たちで、この笛の音を聞いたものは、まるで夢《ゆめ》をみているような気持ちになり、この笛の音にひきつけられて、音のするほうへ、音の聞こえるほうへと進んでいってしまいました。

しかも、笛の音にさそわれて、その笛の音のほうへひきつけられていく若者たちは、ひ

とりとして、けっして帰ってはきませんでした。

こうして、くる夜もくる夜も、若者《わかもの》たちの姿《すがた》は、ひとり、ふたりと村から消《き》えてしまいました。

そして、その数がだんだんふえ、もう幾《いく》十人にもなってしまったので、村人たちはたいへん心配して、みんな集まって、どうしたらよいか相談《そうだん》しました。

「これは、見沼《みぬま》の主《ぬし》が、何かうらみにおもうことがあって、笛《ふえ》をふいてこのあたりの若者を人身《ひとみ》ごくう※にとるのであろう。だから、沼の主のために供養《くよう》して、この難《なん》をさけるよりほかしかたがあるまい。」

ということになりました。

そこで人々は集まって、見沼のほとりに塔《とう》

をたてて供養をしました。

　この笛のことが都《みやこ》まで聞こえますと、たいへん強いひとりの武士《ぶし》が、その正体《しょうたい》をたしかめようと、見沼のほとりまで下ってきました。

　武士は、中秋名月《ちゅうしゅうめいげつ》(現在の九月二十日ごろ)の晩《ばん》に、見沼のほとりに立って、美しい女の人が近づいてくるのを待っていました。

　やがて、美しい笛《ふえ》の音とともに、美女が近づいてきました。

　このとき、武士はすかさず、

「エーイ。」

と切りつけましたが、このときたしかに手ごたえがあったと思うとすぐに、一陣《いちじん》の暴風《ぼうふう》がふき、ものすごい雨が降《ふ》りそそぎ、天地もくらむような雷鳴《らいめい》がとどろきわたりました。

　そのよく朝のことであります。

武士《ぶし》が昨夜《さくや》のところに行ってみますと、何ごともなかったように静《しず》まりかえっていましたが、ただそこに一本の竹の笛《ふえ》が落ちていました。

そこで武士は、その笛を持ち帰って、近くの神社に納《おさ》めました。

このことがあってから数年たったある日のことです。

ひとりのけだかい老女《ろうじょ》が、その社《やしろ》をたずねてきて、神主《かんぬし》さんに向かって、

「神主さん、こちらの神社にある笛を見せてくださいませんか。」

とたのみました。

神主さんは、いくどもことわりましたが、

「ぜひ、その笛を見せてください。」

と言うので、どうしてもことわりきれなくな

り、とうとう笛を見せました。

　すると、老女は、

「一ふきふかせてもらえませんか。」

と言うので、神主さんは、

「それでは、どうぞ。」

と言って、笛をわたしました。

　老女は、たいへんよろこんでふきはじめました。

　その笛の音の美しさ、やさしさといったら、まるで天女《てんにょ》のならすような音楽と思われるくらいでした。

　じっとその笛の音を聞いていた神主さんは、すっかりよい気持ちになり、ついねむってしまいました。

　やがて、目がさめてみますと、そこにいた老女の姿《すがた》も笛もありませんでした。

　神主さんはおどろいて、このことを近くで働《はたら》いていたお百《ひゃく》しょうさんに話しますと、みんなは口々に、

「今から少し前、社の中から美しい、やさしい笛の音が聞こえてきましたよ。」

と言いましたので、さてはねむっているうちにこうなったのだ、とくやしがりました。

そののち、人々はその笛《ふえ》をふいた老女《ろうじょ》は、おそらく見沼《みぬま》の龍神様《りゅうじんさま》が姿《すがた》をかえてあらわれたものではないかとうわさしあったということです。

（川口）

注　※人身《ひとみ》ごくう＝むかし、村人の難《なん》をさけるために、人間の体を神様などにささげたこと。

# かっぱのくれた小判《こばん》

むかし大里郡本郷村《おおさとぐんほんごうむら》（岡部《おかべ》）にすもうずきな男がおりました。

ある夏の暑い日、この男が利根川《とねがわ》で水泳《すいえい》をしていると、もものところへひどくくいついたものがありました。

「いてて え、こんちきしょうめ。」

というが早いか、それを手でつかまえて思いっきりなぐりつけました。もう一発なぐりつけようとこぶしをふりあげて、それをよく見ると、それはかっぱでした。

「お助けください。もうけっしていたずらはいたしません。お助けくだされば晩《ばん》にはきっとお礼にめずらしいものをさしあげます。」

と両手を合わせていうのでした。

男は、かっぱのこうらを経《へ》た（年とった）やつは、助けてやると、その恩《おん》をわすれないと人から聞いていたので、

「よろしい、もう人間になどいたずらするでねえ。」

といい聞かせて、許《ゆる》してやりました。

男は水から上がり、着物を手にして家へ帰りました。家へ帰って、にわとりにえさくれをしたり、馬を水あびにつれていったりしているうちに夕方になりました。

夕方からは、秋のとり入れにつかうむしろつくりもしなければなりません。あちこちの仕事をしているうちに、昼間のことをすっかりわすれてしまいました。

夕飯《ゆうはん》を食べ終えて、ひと休みしていると、戸口の戸をトントンとたたく者があります。近所の人ならば、先に声をかけて戸をあけるのに、声をかけないで戸をトントンとたたくので、ちょっと不思議《ふしぎ》に思い戸口をあけて見ました。

すると、そこに一ぴきのかっぱが立っているではありませんか。ようく見ると、左目のわきあたりがわずかにはれているようです。

「あっ、おまえ、昼間のやつだな。何しにここへ来た。」

と聞きました。

「昼間助けていただいたお礼にと思い、これを持ってまいりました。」

といいながら、かっぱはつぼをひとつ男にさし出しました。

「このつぼの中には、今、小判《こばん》がいっぱいはいっております。この小判をどのようにでもおつかいください。でも、最後《さいご》の一まいだけはけっしてつかわないで残しておいてください。そうすれば、つぼは、また小判でいっぱいになりますから。」

といいおいて、つぼを男にわたして、かっぱは帰っていってしまいました。

男は、何か信《しん》じられない気持ちで、つぼのふたをあけて見ました。

中を見た男は、あっとおどろいてしまいました。男が一生働《はたら》いても、小判《こばん》など一まいだって手にはいるものではありません。それが、つぼにいっぱいはいっているのです。

男はたちまち大金持ちになりました。そして、新しいりっぱな家を建《た》て、およめさんをむかえました。

男には子どもがたくさん生まれました。どの子もぜいたくにくらしていました。

ところが、ある日、つぼの中の小判を、子どもたちがみんなつかってしまったのです。

すると、つぼは、からっぽのまま、何日たっても小判のかけらすら、たくわえなくなってしまいました。

（岡部）

# 丹仁《たんにん》の話

丹仁《たんにん》は六才のとき、父をなくしました。父の霊《れい》をなぐさめようと思い、丹仁はぼうさんになる決心《けっしん》をしました。そして、道中《どうちゅう》というぼうさんの弟子《でし》になりました。

道中は、だれにも親切《しんせつ》だったので、廣慧菩《こうけいぼ》薩《さつ》といわれ、人々に親しまれていました。

都幾川《ときがわ》に慈光寺《じこうじ》というお寺がありますが、その寺は約《やく》千三百年ぐらい前に、この廣慧菩薩が建《た》てたものなのです。

さて、父をなくした丹仁は、国にのこした母のことを思いながら、きびしい修行《しゅぎょう》をつづけました。丹仁《たんにん》は、鐘《かね》つき堂《どう》の下で、秋の夕暮《ぐ》れになりひびく鐘の音《ね》をきいていました。そうしていると、幼《おさな》いときのことが思いだされて、なみだがでてくるのです。

おしょうさんは、こうした丹仁の姿《すがた》を見ても、やさしいことばをかけません。りっぱなぼうさんにするには、あまやかしてはいけないと思ったからでしょう。

ある日、おしょうさんは、丹仁を呼《よ》びよせていいました。

「丹仁、おまえは出家《しゅっけ》したのだから、決《けっ》して心をまよわせるようなことがあってはならぬぞ、よいか。」

それをきいて、丹仁は自分のさびしい心が、おしょうさんにわかってしまったと思いました。そして、それからというものは、弱い心を見せまいとしました。

いっぽう、国にのこされた母も、毎日さびしくくらしていました。わが子に会いたいと思う気持ちにかわりはありません。そして、とうとう、丹仁をたずねようと思って旅立《たびだ》ちました。年老《としお》いた母は、ツエにすがりながら、慈光《じこう》の地まで足をはこびました。

山々はけわしく、深い谷もあります。その上、大むかしからの杉《すぎ》がおいしげり、思うように進めません。それでも、わが子に会いたい一心《いっしん》で、急な山道は、木にすがりながらも登りました。そうやって、苦労《くろう》して山道を登っているとき、いままで晴れわたって雲一つなかった空が急にくもり、かみなりがなりだしました。急にかみなりがなりだすなんて、不思議《ふしぎ》なことでした。丹仁の母が、あまりのおそろしさにわれを忘《わす》れてふもとまで走りおりると、もう空は晴れていました。だれかが丹仁の母をおそろしいめにあわせて、ためしたのかもしれません。しかたなく、その日はふもとの古寺《ふるでら》にとまることにしました。

よく朝、母はまた勇気《ゆうき》を出して登ろうとしましたが、きのうよりもはげしくかみなりがなるので、足は一歩も進みません。その上、血《ち》の雨がふりそそぐので、あたりはまっかにそめられてしまいました。母はただもうわれを忘れて、泣くばかりです。やっとの思いで、ふもとににげもどった母は、気をうしなって岩の上にたおれてしまいました。

そして、母は夢《ゆめ》うつつに思いました。

「ああ、なんという不思議なことであろう。私《わたくし》がこの難儀《なんぎ》にあったのは、菩薩《ぼさつ》さまにさしあげた丹仁を、あさはかにも、わが子であるなどと思ったからだろう。」

と、母はこうかいしながら立ち上がりました。そして、

「観音《かんのん》さま、どうぞいまひと目《め》、丹仁に会わせてくださいまし……。」

と、なみだながらにおねがいしました。

すると、不思議なことに慈光山からむらさきの雲が静《しず》かにおりてきて、さっと金色《こんじき》の光がさしました。

「あまさんにおなりなさい。丹仁にあわせてあげよう。けれども丹仁にあったとき、口を

きいてはいけません。」

不思議《ふしぎ》な声がきこえました、母は、

「あれ…。」

といって、その声のほうをみつめましたが、声はすぐ消えてしまいました。

丹仁《たんにん》の母は、観音《かんのん》さまが教えてくれたのだと思い、さっそく頭の毛を切ってあまさんになりました。すると、不思議なことに雨はすっかり晴れてしまいました。

そのとき、ひとりのお小僧《こぞう》が花手おけを持っておりてきました。それは、たしかに丹仁です。

「ああ、なつかしい丹仁……。」

と、呼《よ》びかけようとしましたが、母は口をひらくことができません。

丹仁も母の姿《すがた》を見て夢《ゆめ》ではないかと疑《うたが》いました。が、まさしく母であるとわかると、

「かあさま。」

と、いいかけようとしました。それでも、丹仁はおしょうさまのいましめを思いだして、なみだをこらえて母を見ているだけでした。

やがて、ふたりはひとことものをいわずに、わかれてしまいました。

母は、泣《な》きながら観音さまにおまいりして、国へ帰ろうとしました。途中《とちゅう》、山の中で病

気になって、その病気がもとでなくなってしまいました。

そのことを知ったおしょうさまは、丹仁《たんにん》をつれて、母がなくなったところへいきました。冷《つめ》たくなった母の姿《すがた》を見ては、さすがの丹仁もひどく悲しみました。

やっとの思いで、丹仁は母のお墓《はか》をつくりました。それからというものは、丹仁は、母の墓前《ぼぜん》に野の花をかざらない日はありませんでした。

いまでもここを「びくに塚《づか》」といっています。ここは風雨にさらされているさみしいところです。


（都幾川）

# 鬚僧大師《ひげそうだいし》と大蛇《だいじゃ》

むかし、秩父《ちちぶ》の三峯山《みつみねさん》のふもとに鬚僧大師《ひげそうだいし》というぼうさんが住んでおった。

そこには、大血川《おおちがわ》という流れの急な谷川があり、そのほとりに小さな寺を開いて、大師は、まい日お経《きょう》をあげながら、仏《ほとけ》につかえていたのだ。その寺を太陽寺《たいようじ》といった。

このあたりは、もみその木（もみの木）や、おとなのひとっかかえもふたっかかえもあるとちの木やぶなの木などの大木《たいぼく》がおいしげるさびしいところであった。

こんな昼でもうすぐらいさびしい山の中の

寺に、ある日、ひとりの美しい女がたずねて来た。大師《だいし》はこんな山寺にひとりでおとずれるとはどうしたわけだろうと思ったが、口には出さず、その女の言うままに、寺にとめてやった。

女は、つぎの日になっても、またつぎの日になっても帰ろうとはせず、大師の身のまわりの仕事をよくやってくれて、いつしかこの寺に住むようになってしまった。

大師は、もともとひとりぐらしであったので、この女を妻《つま》にむかえた。大師には、どんなことでも打ちあけるよい妻であったが、ただひとつだけ、自分はどこから来て、だれであるということだけは話したがらなかった。

やがて、年月もへて、この女は子どもを宿《やど》し、生まれる日が近づくと、大師にむかってしんけんなまなざしで、

「この産《う》みの月の七日間は、わたしのすがたをけっして見ないでください。」

とたのんだ。大師はふしぎに思ったが、妻の言ったことを守ると約《やく》そくした。

女はうぶ屋（子どもを産むへや）にはいっていった。大師はその日から妻の言ったことを守って、静かに生まれてくるのを待った。

しかし、一日めがすぎ、二日《ふつか》めがすぎ、三日め、とうとう大師は待ちきれなくなって、そっとうぶ屋に近づくとその戸のすき間から中をのぞいてしまった。

「あっ。」

中のようすをみるや、大師はおどろきの声をあげてしまった。

大師は自分の目をうたがった。うすぐらいあかりの中にうごめいていたのは、美しい大師の妻とはにてもにつかないへびのからだをした、みにくい女であった。女は子どもを産むために苦しみもだえていたが、戸のすきまからのぞいた大師に気づくと、青白くかがやく目玉をギロッと見開いてにらみつけた。

ものには動じないさしもの大師も、この光景《こうけい》にこしをぬかさんばかりにおどろいて、自分のへやにとんでかえった。しかし、自分が見てしまったおそろしいありさまに、日ごろの落ち着きを失《うしな》い、すわっていることもできないうろたえぶりであった。

一とき、二とき、おそるおそる待つうちに、やがて、へびのからだをした女は、もとの美しいすがたにもどり、大きな男の赤んぼうを胸にだいて大師の前にあらわれた。

しかし、顔色はすぐれず、目は悲しみをこめて弱々しかった。女は大師の前までくると子どもをそこにねかせ、大師が約そくを破《やぶ》ってみにくい自分のすがたを見てしまったことをひややかに言うのだった。しかも、静かなことばの中に女のうらみがこもっていた。

それから、生まれた子どもは人間であるから育ててくれるように言い残して、どこともしれず寺から立ち去ってしまった。

聞くところによると、この女は信州《しんしゅう》（長野県《ながのけん》）の諏訪湖《すわこ》に住む大蛇《だいじゃ》の化身《けしん》であるという。

だから、女は諏訪の湖に帰ってしまったのだ。

大師《だいし》は、自分が大蛇の化身である女を妻にしたことをくい、生まれた子どもが、いまわしい大蛇の子であると知って、自分の手もとにおくことができず、とうとう、その子をはこの中に入れて、大血川《おおちがわ》の下流、荒川《あらかわ》に流してしまった。

秩父《ちちぶ》の深い谷間を流れに流れて、その子は、運よく秩父の庄司《しょうじ》（その土地をおさめてい

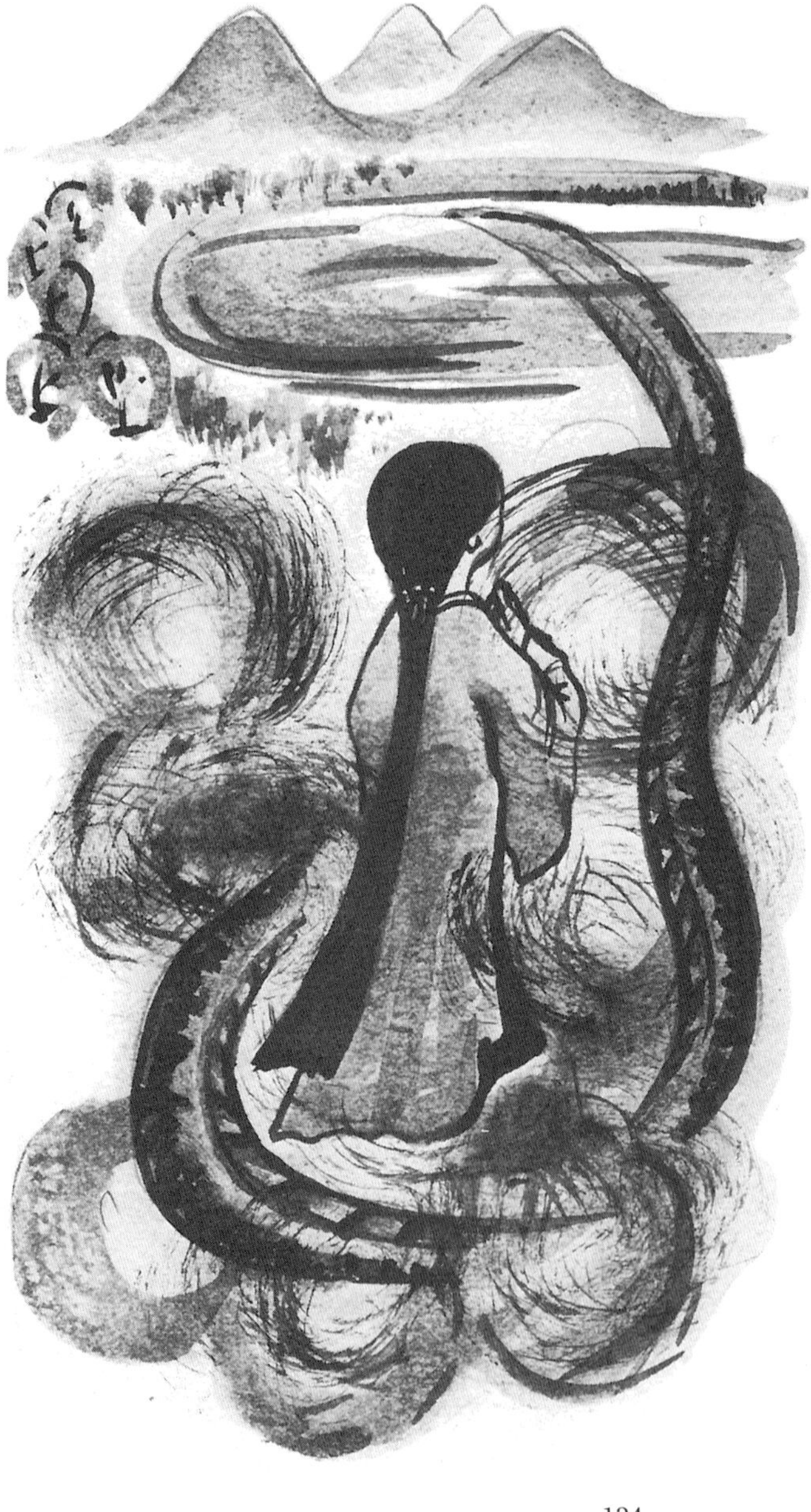

る役人）にひろわれた。

秩父の庄司は、まるまると太ったじょうぶそうなこの赤んぼうをたいせつに育てた。

この子が、のちに成長して、鎌倉時代《かまくらじだい》の名将《めいしょう》といわれた、畠山重忠《はたけやましげただ》であるという。

この重忠は、大師が、生まれるとき三日めに見てしまったので、三日先のことがすでにわかるという、たいへんな力を持っていたといわれている。


（大滝・飯能）

# かっぱの皿《さら》

　ある初夏の夕方のことであった。つかれた足をひきずりながら、野ら《(田畑)》仕事から帰ってきたお百しょうさんが、一日じゅういっしょに働《はたら》いてくれた馬を清水橋《しみずばし》の馬あらい場までつれてきた。

「ドウ、ドウ、ドウ、ドウッ、きょうもよく働いて
　くれたな――。」

と、馬に声をかけながら、からだをあらってやっていた。あせと土によごれた馬は、お百しょうさんのふりかけてくれる川の水に、さも気持ちよさそうに目を細めていた。すっか

りきれいになった馬は、いたわりの声をかけてくれたお百しょうさんにつれられて川から上がってわが家に向かって歩《あゆ》み始めた。すると、とつぜん馬は歩みをとめて、

「ヒヒーン。」

と、一声鳴いた。おどろいたお百しょうさんは、さっそく馬のからだを調べてみた。尾《お》の先に何か黒いかたまりがぶらさがっているのに気づいた。夕やみの中でようく見ると、黒いかっぱであった。

「こんちきしょうめ、馬のしっぽにぶらさがって人の家まできて、何かいたずらしようってんだな。」

はらだたしく思ったお百しょうさんは、かっぱをけとばそうと身がまえたが、かっぱはにげようともしない。じっとこちらを見ている。

お百しょうさんは、

「かっぱのやつ、おなかをすかしてでもいるのかな。」

と思いなおして、かっぱを家までつれてきた。そして、つかれなおしにのんでいるお酒をのませ、自分の食べるごちそうを、かっぱにいっぱい食べさせた。

すっかり暗くなったので、かっぱを馬あらい場までつれていって、

「いいか、もう二度と人をおどろかすようなことをするでねえぞ。」

といいながら、川にはなしてやった。お百しょうさんのことばがわかったのか、かっぱはうれしそうに川の流れの中に姿《すがた》を消した。

あくる日の夕方、お百しょうさんは同じようによごれた馬をつれて、あらい場へやってきた。水の中へ馬をひき入れて馬のからだに水をかけ、川岸の草を食べさせようと馬の首をそちらへ向けてやった。見るともなく草むらを見ると、草むらの中に、見たこともないきれいなお皿《さら》が十まいと、手紙がおいてあった。手紙を開いてみると、きのうのかっぱからのお礼の手紙であることがわかった。

「きのうのご親切《しんせつ》に厚《あつ》くお礼申し上げます。お礼のしるしをここに置《お》きます。何か品物が不足してこまったときは、品物の名まえを書いた手紙とこの皿十まいをここにおい

てください。必《かなら》ずご用だていたします。」

と書いてあった。お百しょうさんは喜《よろこ》んで、その手紙とお皿を家に持ち帰り、大事にしまっておいた。

やがて、農家の仕事もひまとなり、夏祭りのときがやってきた。祭りの世話係《せわがかり》となったお百しょうさんは、祭礼《さいれい》に使う道具がどうしても手にはいらないでこまってしまった。かっぱの礼状を思い出したお百しょうさんは、さっそく手紙を書いて皿十まいといっしょに不足の道具名を書きそえて、馬あらい場の川岸においた。

よくあさ、お百しょうさんがいってみると、不足の品物が全部川岸の草の上にそろえてあった。お百しょうさんは、おどろいたり喜んだりして、それで無事《ぶじ》、祭礼の世話係をつとめることができた。

また、あるときお百しょうさんは、たんすが必要《ひつよう》になった。そこで、前と同じように手紙を書いておいた。たんすも用だててくれた。こうして、お百しょうさんは、かっぱのおかげで、品物に不足することなく、しばらく幸福な生活をすることができた。

ところが、あるとき、何かのあやまちで、大事にしていたかっぱの皿を一まいわってしまった。おどろいたお百しょうさんは、さっそく、あやまりの手紙を書いて、川岸へおいたが、その手紙はいく日たってもかっぱの手もとへはとどかなかった。それからというものは、不足した品物を手に入れることはできなくなってしまった。
かっぱからもらった皿《さら》は、中国から伝《つた》わった名器《めいき》であったという。

（熊谷）

# キツネのお礼まいり

「ばあさんよ、野巻《のまき》まで行ってくるで。」

と、ちいさごじいさんが言いました。

「これからかえ。日がくれるど。あしたにさっせえ。」

と、ちいさごばあさんがとめました。野巻は、荒川《あらかわ》むこうの村です。おじいさんの足では帰りには、日がくれてしまいます。

「なあに、ひとっぱしりだ。日がくれたって、道はなれてらあ。」

と、ちいさごじいさんは、おばあさんのとめるのもきかず、出かけました。

　黄色くみのった麦畑も、もう日が落ちて、いっそう黄色みをましています。ちいさごばあさんは、

「じいさんのがんこは、死《し》ぬまでなおるめえな。」

と、ひとりごとを言いながら、栗谷瀬《くりやぜ》のわたしへむかう、ちいさごじいさんを、庭先から

見送っていました。

　と、ここに、ふしぎなことがおこりました。麦畑の中ほどまできたちいさごじいさんは、着物のすそをしりまでまくり上げ、麦畑の中へ、麦の穂波《ほなみ》をかきわけながら、はいって行くのです。そして、大きな円をえがくように畑の中を歩きはじめました。

　ちいさごばあさんは、びっくりして、

「じいさんや、何をしてるんだあ。」

と、大きな声でよびかけました。

「水がふえたんでよう、なかなか川がこせねえんだよ。」

と、ちいさごじいさんがこたえました。ちいさごばあさんは、じいさんのほうへ、畑みちをはしりました。じいさんは、

「ふけえぞ、ふけえぞ。」

と、麦をかきわけかきわけ歩きまわっています。

「じいさんよ、どうらん(たばこ入れ)持ってるかよう。」

「持ってるよ。ほら。」

と、ちいさごじいさんは、こしのたばこ入れをぬいて、高くかかげてみせました。

「一ぷくするんだよ。川は広いんだ。あわてることたあねえ。」

ちいさごじいさんは、それもそうだ、と思い、立ったまま、キセルをくわえて、ほくち(火をつける道具《どうぐ》)で火をつけました。

ちいさごじいさんは、麦畑のまん中につっ立っている自分に気がつきました。そして、ブルブルッと身ぶるいをしました。

「じいさん、キツネにやられたんだよ。」

ばあさんが、声をひそめてよびかけまし

た。じいさんは、急に便所《べんじょ》へ行きたくなりました。

　庭のかたすみの便所の中で用をたしながら、ちいさごじいさんは、窓《まど》から、くれかかった空をながめていました。すると、その窓を、まっかな、大きな火の玉が、ふわりふわりと横ぎりました。じいさんは、用事もそこそこにして、便所からとび出して空をあおぎました。くれかかった西の山に、白く細い月がかかっているだけでした。じいさんは、野巻《のまき》村へ行くことは、あしたにのばしました。

　その夜、じいさんも、ばあさんも、はやねをしました。

　ちいさごじいさんは、夜なかに、ふと、目をさましました。表でなにかの鳴き声がきこえます。じっと耳をすますと、なにか、ものごいでもするようなキツネの鳴き声です。ちいさごじいさんは、そっと起き出して、外へ出てみました。降《ふ》るような星空の下に、小さな黒いかたまりが、力なく動きました。ちいさごじいさんは、あとをつけてみたくなりました。

　黒い小さなかたまりは、まるで道あんないでもするかのように、後《あと》をふりかえりふりかえり荒川《あらかわ》をわたります。川をこえると、たんぼも横ぎりました。畑のあぜみちは、宝登山《ほどざん》のほうへ続《つづ》きます。

　黒い小さなかたまりは、宝登山のすそで消えてしまいました。ちいさごじいさんは、と

たんに心細くなりました。きびすをかえして、ひきかえそうとしたとき、足もとで小さな物音がしました。ふしぎなことに、足もとが青白くあかるみ、そこのくぼみに、六ぴきの子ギツネがもつれ合っているではありませんか。

とぶようにして家にかえったちいさごじいさんは、よくあさ、ばあさんに、ゆうべのことを話してきかせました。

「じいさんや、それは、親ギツネが、子ギツネの世話をたのみにきたんだろうよ。」

ふたりは、さっそく、とっておきのお米で、すしを作りました。子ギツネのための、かわいいいいなりずしでした。ちいさごじいさんは、それを、重箱《じゅうばこ》につめて子ギツネのあなへと急ぎました。

三日めにも、かわいいおすしを作りました。

それを、重箱《じゅうばこ》につめて、キツネのあなにとどけました。

七日めにも、子ギツネたちのおいなりさんを作りました。

「ばあさんや、これで、うちのお米もおわりだね。」

と、ちいさごじいさんが言いました。

「なあに、秋になれば、また新しいお米がとれるさ。」

と、ちいさごばあさんが言いました。おじいさんは、おいなりさんを持って、また、子ギツネのあなへ出かけました。

それから、二十一日めの夜がきました。じいさんも、ばあさんも、はやくやすみました。

夜なかに、ちいさごじいさんは、ズシンという、重そうな音を夢《ゆめ》の中でききました。また、ズシンという重そうな音を、こんどは、はっきりききました。ちいさごじいさんは、ばあさんを起こしました。ふたりは、そっと庭へ出てみました。

と、どうしたわけでしょう。じいさんたちには、まったくおぼえのない米だわらが、三びょうも、入り口に積《つ》み上げてあるではありませんか。

「ばあさん、こりゃどうしたわけだ。」

ふたりは、びっくりして、あたりを見まわしました。あたりはまっくらで、よく晴れわたった空に、たくさんのお星さまが、キラキラとかがやいているだけでした。

はるかがけの下の、栗谷瀬《くりやぜ》のわたしを、六つの黒い小さなかげがわたっていくのを、ちいさごじいさんも、ちいさごばあさんも気づかずに、ただ庭に立ちつくしておりました。

（皆野）

# 礼羽《らいは》の不思議田《ふしぎだ》

むかし。

礼羽《らいは》村に、与右エ門《よえもん》というお百姓《ひゃくしょう》がおった。雨が降《ふ》ろうが、風がふこうが、仕事を休んだこととなしという働《はたら》きものだった。

与右エ門は、まがったことや、他人にへつらう（他人のきげんをとる）ことが大きらいで、がんこな性分《しょうぶん》だったが、くらしがゆたかで、近所の人たちのめんどうをよくみたので、「与右エ門」と、呼《よ》びすてにするものは、ひとりもいなかった。

もう麦かりも終えて、ほんとうの農家のいそがしい五月のある日。

与右エ門は、作男《さくおとこ》と馬のしたくをして、新田《しんでん》前の田へ田かきに出かけた。水はよいあんばいにはいっていたので、与右エ門は、にぎやかに鳴いているかえるを追いながら、馬方《うまかた》節《ぶし》もいせいよく、せっせと田をかいた。

朝の出がけに　どの山見ても

雲のかからぬ　山はない

よくすんだ歌声は、遠く上高柳《かみたかやなぎ》のほうまでひびいた。

いつの間にわいたのか、上高柳の空には、入道雲がむくむくとふくれあがっていた。そしてそれが空一面にひろがると、とつぜん、あたりののどかさをぶちこわすようなかみなりが鳴りひびいた。

「そら、かみなり様だ―。」

たんぼで働《はたら》いていた百姓《ひゃくしょう》たちは、てんでに家へにげ帰ってしまった。もう、たんぼには、与《よ》右《え》エ門《もん》たちのほかは、だれもいない。

「だんな、よそのうちじゃ、みんなにげちゃったから、おらがうちでもよすべえやねえ。」

と、心細くなった作男《さくおとこ》が言った。

「かまうものかね。人は人だ。………かみなりさまは鳴るのが商売、おいらは田かきが商売だ《だ》に。」

と、与右エ門は、平気な顔でいっこうに仕事の手を休めようともしない。作男は、ちゃんとだんなの気性《きしょう》をのみこんでいるから、しかたなしに、だまって馬のあとから万《まん》ぐわ（たんぼをたがやす農具《のうぐ》）をおした。

かみなりは、ますますあれくるう。与右エ

門たちは、雨の中を、ただ、ボチャボチャボチャと歩きまわった。

と、ピカピカ、ドシーン。おさがり(かみなりが落ちること)だと思う間もなく、ふたりのあたりは、まっ白い雲につつまれてしまった。

お燈明《とうみょう》をあげたり、かやをつったりして、あおくなっていた人たちは、その音にかたくなってしまい、

「今のは、そのへんへ、おさがりになったぞ。」

と、言い合う間も、自分たちの助かったことをありがたく思うのであった。

やがて、かみなりもやんで、空はけろりとして明るい。

与右エ門《よえもん》の家では、田かきから帰ってこないので、たいへん心配していた。おかみさんは、むすこに大急ぎでようすを見に行かせた。

むすこはたんぼを見まわした。しかし、与右エ門と作男《さくおとこ》のすがたは、どこにも見えない。馬のすがたさえない。田の面《おもて》には、一面うすい白雲だけが、あやしくただよっていた。

どこをさがしてもいない。田かきの万《まん》ぐわさえ見えない。むすこは、ますます心配になってきた。新田《しんでん》の家々を聞いて歩いた。

「さっき、わしらがにげる時、与右エ門さんは、まだ、田をかいておった。そのあとのことは知らねえ。」

と言うのであった。

それから、半《はん》ときばかりすぎた。百姓《ひゃくしょう》たちは、ふたたびたんぼへ出てきた。

その時である。

御幣《ごへい》(神に祈《いの》るときにささげたり、おはらいに使うもの)を背負《せお》った美しい一頭の白馬が、東の空から飛《と》ぶようにあらわれたと思うと、田へ音もなくおり立った。そして、小道をひと回りしたかと思うと、また、もと来たほうへ引き返してしまった。ほんの一ぷくする間(わずかの時間)のできごとであった。

たんぼへ出ていた人たちは、だれもがこの白馬へ手を合わせておがむのであった。そして、年寄《としよ》りは、口々に若い人たちに話して聞かせた。

「ああ、もったいない、もったいない。みんな、おがまっせえ……。鷲宮《わしのみや》の明神《みょうじん》様が、氏子《うじこ》にさわりがあってはとお思いになって、おいでくださったのだ。ありがたい、もったいない……。」

鷲宮の明神様は、氏子に何か異変《いへん》があると、白馬にお乗りになって、お救《すく》いにおいでになったことは、今までも何度もあった。

白馬の姿《すがた》が、東の空へ消えたときである。こんどは、晴れわたった空から、まっ黒い雲が急にくるくると舞《ま》いおりたと思うと、今までただよっていた白雲が、すっかり晴れ上がった。見ると、さっき、むすこがいくらさがしてもいなかった与右エ門《よえもん》と作男《さくおとこ》、それに馬までがちゃんといるではないか。

むすこはとんでいった。

「おとうさん! どうしたったね。」(どうしたのですか)

「…………。」

与右エ門と作男は、われを忘《わす》れたかのように、なんとも口をきかない。

家に帰った与右エ門に、みんな、よってたかって聞いてみた。ようやく、われにかえった与右エ門は、ぽつりぽつりと話しだした。

「でかいかみなりさまが鳴ったと思ったら、急にあたりがまっ白になって、ふわふわしたその中につつまれてしもうた。いったい、どこへ来たんだろう。――作男に声をかけようとしたが、口がきけない。馬もじっとして動かずに、だんだん上のほうへうき上がっていく気がした。下を見ると、金蓮院《こんれんいん》の杉《すぎ》が小さく見える。不動様《ふどうさま》の屋根も見える。こりゃあ、たいへんなことだ、そう思った時だ。鷲宮《わしのみや》の明神様《みょうじん》が、白馬に乗ってあらわれ、上を向いて、

『神鳴《かみな》り――、神鳴り――。おれの氏子《うじこ》を返せ、返せ。』

と、おさけびになった。すると、今度は、だんだん下へ下へとおりるのだ。あれあれ、

と思ううちに、いつの間にか、もとの田の中に立っていたんだ。」

まるで、夢《ゆめ》のようだ、と与右エ門は話した。

「どうも不思議《ふしぎ》だね。」

「どうも不思議だ。」

「礼羽《らいは》の与右エ門は、かみなりが鳴るのに仕事をしていたから、天上へ連《つ》れていかれた。

それでも鷲宮の明神様を信心《しんじん》するから、明《みょう》

神様《じん》があらわれて取りもどしてくださったんだ。」

と、みんな、口々にこう言い合った。

「不思議《ふしぎ》だ。」が、いつか「不思議田」となって、今も礼羽《らいは》の一部に、「不思議田」という耕地《こうち》が残《のこ》っている。

(加須)

# 榛名《はんな》さまのおろち

東秩父《ひがしちちぶ》の坂本《さかもと》という所から大霧山《おおぎり》のかたをこえると、三沢《みさわ》の広町《ひろまち》という耕地《こうち》にくだります。むかしは、小川《おがわ》方面と秩父をむすぶたいせつな峠《とうげ》でした。粥仁田峠《かゆにたとうげ》とよんでいます。広町には、今でも、茶屋《ちゃや》、伊勢屋《いせや》、山木屋《やまきや》、朝日屋《あさひや》などという屋号《やごう》の家がのきをならべ、むかしのにぎわいのなごりをとどめております。

さて、この粥仁田峠の頂上《ちょうじょう》から二町《ちょう》（約《やく》二百メートル）ばかり三沢側《がわ》にくだったところに、榛名《はんな》さまとよぶ小さなやしろがあります。

むかし。

榛名さまのわきに大きな池がありました。満々《まんまん》とたたえた水は、まわりの松《まつ》のみどりをうつして底《そこ》しれず青くすみ、池のほとりには、四季《しき》それぞれの小鳥たちが楽しくうたっておりました。峠をのぼりつめた旅人たちは、みな、この池の水でかわきをいやし、しばらくはうっとりと小鳥のさえずりに耳をかたむけるのでした。

　この池の底《そこ》にはおろち（大蛇《だいじゃ》）がすんでいると、うわさされておりました。だあれも見た人はおりませんが、この底しれず青く、波ひとつたたず、まるで深いねむりについているような水の面《おもて》を見ていると、だれも池の主《ぬし》をうたがうことはできませんでした。そして、村人も旅人たちも、この池を神の池としてあがめ親しんでおりました。

　さて。

　いつのころからか、いやなうわさが流れはじめました。榛名《はんな》の主がすがたをあらわしたというのです。うわさは、たちまち三沢谷《みさわだに》にひろがりました。こわいもの見たさに、村人たちは、榛名の池にのぼっていきました。お

ろちを見たという旅人たちも、日ましにふえてきました。きらきらと銀のうろこを身にまとい、太陽のようなまなこのおろちが水面をわたるさまをみては、旅人たちは、もう生きたここちもありません。

水底深くひそんでいるうちは、神の使いとして人々にあがめられたおろちも、ひとたび地上の空気にふれてからは、ただの魔物《まもの》とかわってしまいました。そして、あれほど群《む》れ集まった森の小鳥たちはもちろん、村人たちはもうほとんど池によりつかなくなってしまいました。ついには、峠《とうげ》をこえる旅人たちの中には、おそわれていのちをおとすものも出るしまつで、あれほどのにぎわいを見せた粥《かゆ》仁田峠《にたとうげ》もすっかりさびれてしまいました。

三沢谷にもうひとつのうわさが流れました。

広町《ひろまち》に住む北の道本《どうほん》という行者《ぎょうじゃ》が、おろちをたいじするというのです。

道本《どうほん》は、弓《ゆみ》の名人でもありました。しかし、いかに弓の名人とはいえ、これはたいへんなことでした。もし、射《い》そこなえば、どのような仕返《しかえ》しをうけるかわかりません。よし、うまくしとめられたとしても、相手は神の化身《けしん》、あとにどんなわざわいがおよぶかもわかりません。

しかし、道本は、そのときはそのときとひそかに心をかため、弓矢《ゆみや》の手入れにかかりました。新しく籐《とう》をまきかえ、つるもはりかえました。

いよいよ、その日がやってまいりました。道本は、榛名《はんな》の池の真向《まむ》かいに立つ笠山《かさやま》の頂上《ちょうじょう》にじんどりました。おおぜいの村人たちが遠まきにし、じっと道本を見守っておりました。

秋の空は、ぬけるようにすみわたり、谷をへだてた前山《まえやま》に、午後の日をあびた榛名の池がくっきりとうかんでおりました。こんな日に榛名のおろちは、池からすがたをあらわすのでした。

しずかないっときが流れました。ひえた山の空気の中を道本のはりつめた心がピリピリと村人たちのはだにつたわりました。

とつぜん――。

榛名の池のまん中に、大きな水柱がたちました。ついに榛名の主がすがたをあらわしたのです。銀のうろこが光ります。二つの目玉が太陽のようにかがやきました。

道本は、しずかに矢をつがえ、キリキリと強弓《ごうきゅう》をひきしぼると、矢をはなちました。白い矢羽《やばね》が、秋の日をあびて一文字《いちもんじ》に榛名の池に走ります。しかし、つぎのしゅんかん白い矢羽ははねかえり、はるか下の谷川へ落ちていくのが見えました。おろちの頭が矢をはねかえしたのでした。道本は、すかさず二の矢をつがえました。金色にかがやく大蛇の目が、道本の目の前いっぱいにひろがって見えました。

「そうだ、目だ！」

おろちの、太陽のような目がひときわするどくかがやいたとき、二本めの矢がはなたれました。矢は、あやまたず（まちがいなく）おろちの目を射《い》ぬきました。

と、どうでしょう。あの、ぬけるようにすみわたった青空を、いっしゅんのうちに黒雲がおおいつくし、はげしい雨といっしょに雷鳴《らいめい》が三沢谷《みさわだに》をかけめぐりました。榛名の山はまっくらでした。ときどき、はげしいいなびかりが榛名の池のやみをさいて走りました。

そのいなびかりの中に、まっかに血にそまったおろちの、のたうちまわるすがたが、くっきりと照《て》らしだされました。池の水は、あふれて深い谷川をたきのように流れました。

はげしい雨がやみました。

ふたたび、あのぬけるような青空が三沢谷《みさわだに》の上にひろがりました。雨にあらわれたもみじが、いっそうあざやかにもえたちました。しかし、あの榛名《はんな》の池は、もうそこにはありませんでした。あれくるうおろちのために、池の水はあふれて、深い谷川へ流れ去《さ》ってしまったのです。もちろん、おろちのすがたもそこにはありません。ただ、くろぐろとした池の底《そこ》がぽっかりと広がっているだけでありました。

長い長い年月が流れました。道本《どうほん》には、とてつもなく長く感じられました。かみはもうすっかり白く、顔には深いしわがいく本も走っております。

道本は、むかしのことを思い出しておりま

した。それも、榛名《はんな》のおろちのことにかぎっていました。いくら旅人を苦しめたおろちでも、もとは榛名の池の主《ぬし》。つみとが《とが》にけがれた人間が、神様のようなおろちのいのちをたってしまったことが、心にかかってしかたがなかったのです。そして、いつしかじゅずを手に、おろちのめいふくを祈《いの》る日々を送るようになりました。

やがて、道本《どうほん》は、自分のいのちのつきる日がせまったことを知りました。

ある日、道本は峠《とうげ》の中腹《ちゅうふく》に自分の墓《はか》をほりました。三沢谷《みさわだに》をひと目に見わたせる、しずかで、あたたかそうなしゃ面でした。あなをほりおわると、家族《かぞく》のものをよび集めました。

「わしのいのちも、もう長くない。長いこと世話《せわ》になったが、ひとりしずかに旅立ちたい。どうか、わしの思うとおりにさせてくれ。」

と言いました。いちど言いだしたら、道本はあとにひきませんでした。妻も子どももよくそのことを知っておりました。

家族は、なみだながらに別《わか》れの水さかずきをかわしました。

「わしの鳴らすかねの音が聞こえなくなったときが、わしのいのちのおわりのときだ。しずかに土をかけてくれ。」

そう言いのこすと、白むくすがた(まっ白な衣服《いふく》)の道本は、深い墓あなの底《そこ》にすがたをかくしてしまいました。

それから、ひるも夜も、道本のならすかねは、しずかに峯《みね》の耕地《こうち》を流れて、この世のけがれを洗《あら》い流すかのように人々の心にしみわたっていきました。

道本のかねは、三日三晩《ばん》鳴りつづけて、しずかに消えていきました。耕地の人々は、みんな出て、道本の墓に土をかぶせました。そして、その上にりっぱな石碑《せきひ》をたてました。

今も、その墓は峯の耕地に残《のこ》っております。

（皆野——三沢）

# 大杉様《おおすぎさま》の話

いまからずっとむかし、江戸時代《えどじだい》の終わりごろ、ここ利根川《とねがわ》のほとり、葛和田《くずわだ》、俵瀬《たわらせ》、大野《おおの》には、利根川を上《のぼ》り下《くだ》りする大きな船と船着《ふなつ》き場《ば》があり、その船を利用《りよう》して江戸からたくさんの荷物が運びこまれていた。

その中には、めずらしいおもちゃや、遊びの道具《どうぐ》、けしょう品からはき物まで、あらゆる生活に必要《ひつよう》なものがあった。

そして、それらは、北関東一円《きたかんとういちえん》に送り届《とど》けられていた。

そうした荷物を運ぶ船の中に坂上丸《さかのうえまる》という

船があった。長さが十八メートル、はば七メートルばかりの木造船《もくぞうせん》であった。

いまの鉄の船に比《くら》べると、ほんのちっぽけな船にすぎない。しかし、そのころの川船としては、大きい船であった。船の骨組《ほねぐ》みには、大きなけやきをがんじょうに組み合わせ、まわりには大きな杉《すぎ》の木を切りさいてとった厚《あつ》さ五センチ、はば二十センチ、長さが七〜八メートルの板が、水をもらさないようにびっしりとうちつけてあった。

そして、そのへさきには、船の守り神様が小さなほこら（小さな社《やしろ》）に祭ってあった。

安政《あんせい》三年七月二十七日、坂上丸は、仲間《なかま》の船十数せきと江戸からの荷物をいっぱいに積《つ》んで、江戸川を上り、利根川にさしかかろうとしていた。天気はからりと晴れわたり、ま夏の太陽はじりじりと照《て》りつけていたが、川風はすずしく船頭《せんどう》たちのほおをここちよくなでていった。

「この荷物をあげたら、ゆっくり昼ねでもしてえもんだな。」

ひとりの船頭が帆《ほ》づなを引っぱって、利根川《とねがわ》へはいって行く準備《じゅんび》をしながら、かじ棒《ぼう》をにぎっている船頭に話しかけた。

「ほんとだ。船に乗っている間は気が休まねえかんな。」

船首《せんしゅ》が川の面《おもて》をきるぴしゃぴしゃという音と、帆柱《ほばしら》が、風の強弱で、時おりギーときしむ以外《いがい》はなんの物音もしなかった。

利根川が見えてきた。川の流れがちがうところへきたので、船頭たちは、親方《おやかた》(船長)のさしずに従《したが》って、竹ざおで、船をうまくあやつりながら利根川にすべりこませた。後ろに続《つづ》く船も、その後ろの船も、なれた手つきで、あぶなげなく利根川へすべりこんだ。

「さあ、これでひと安心、あとはかし(船着き場)へ着くばかりーと。」

鼻歌まじりにつぶやきながら、きせるにきざみたばこをつめこんで一ぷくする船頭もいた。

するとその時、今までかじ棒をにぎっていた船頭が川のはるか上流の空を指さして、

「おおー、あれはなんだ。」

とさけんだ。

いままで一点の雲もなく晴れわたっていた空の西の一角に、黒雲が立ち上《のぼ》り、あたり一面をつつみこむようであった。ものすごいいなずまの光が船頭たちの目をくらませた。

「おうい、突風《とっぷう》がくるぞ。すぐ帆をおろせ。いかりをおろして船が流されないようにしろ。」

「大雨が降《ふ》っても船倉《せんそう》へ水がはいらないように船倉のふたをぴったりしめておけ。」

親方が大声でどなり終わるのと、突風の第一陣《じん》が船をおそったのがほとんど同じであった。

いままで、おだやかに川を上ってきた船団《せんだん》は、まるでかれ葉が地上にふきつけられるように川岸《かわぎし》や、浅瀬《あさせ》へたたきつけられてしまった。風はそれだけではおさまらなかった。第二陣、第三陣の突風が、これでもか、これでもかと船団におそいかかった。浅瀬で動くすべを失《うしな》った船、大きくかたむき帆柱をへし折《お》られた船、へさきが大きく口をあいたような船、そうした船の中で、それぞれの船頭たちは風が静《しず》まるのを待った。坂上丸《さかのうえまる》も帆をおろすのがやっとだった。船倉へは大波となった川の水がようしゃなく流れこんだ。水は船倉へひ難《なん》している船頭たちのひざあたりまではいってしまった。

この状態《じょうたい》でいくとまたたく間に船倉は水につかってしまう。親方は船頭たちをさしずして力の限《かぎ》り水を外へかい出した。流れこむ水と、かい出す水の量《りょう》が同じくらいだったのだろうか。船倉《せんそう》の水はかい出してもかい出しても少なくならなかった。

夕暮《ゆうぐ》れが近づいたのか、船倉の中は人の顔が見分けられぬほどになってきた。さすがの船頭《せんどう》たちもつかれはててしまった。親方の大声に、はっと気がついて水をかい出す船頭もいた。風はいっこうにおさまる様子はない。親方の声もあたりの暗さがさえぎっているかのようにかすれぎみとなり、やがてとぎれとぎれになってしまった。そして、ついに親方も船倉の柱にもたれてうとうととしてしまった。

するとその時、親方の目の前がぱっと明るくなった。そして、その中に山《やま》ぶし姿《すがた》の大天《おおてん》狗《ぐ》が立っていた。

「これ船頭たち、おまえたちは、つね日ごろ

から大杉大明神《おおすぎだいみょうじん》を信仰《しんこう》してこんにちまできたこと、あっぱれ感心である。きょうはそのほうびとして、この風を静《しず》めてやろう。」

と言い残《のこ》して姿《すがた》を消した。

親方が、はっとして目をさますと、船倉の中はうす明るくなりかけていた。外の風はおさまったようで、利根川《とねがわ》の流れの音だけが聞こえてきた。親方は船倉から外へ出てみた。東の空が明るく白《しら》みかけていた。利根川は、あれる前のあの静けさで流れ続《つづ》けていた。親方のあとをついて船上へ上がって来た船頭たちはおたがいの無事《ぶじ》を知り、手をとり合ってよろこんだ。

親方が、昨夜《さくや》の夢《ゆめ》のことを船頭《せんどう》たちに話すと、

「それこそ、川船の守り神にちがいない。ありがたいことだ、ありがたいことだ。」

といって、へさきのほこらに両手を合わせに行った。すると、ほこらの神だなに、竹づつに納《おさ》められた巻《ま》き物《もの》がおいてあった。親方と船頭たちは、

「これこそ、大杉大明神《おおすぎだいみょうじん》のご神体《しんたい》にちがいない。」

と思った。

船着き場に着いた坂上丸《さかのうえまる》の親方や船頭は、さっそく村人たちにこの話をした。村人たちもこの話をだれひとりうたがう者はなかった。

ご神体は、ていねいに坂上丸から運ばれ、葛和田《くずわだ》の大杉神社《おおすぎじんじゃ》へ納められた。今でもこのご神体は残《のこ》っており、巻き物をあけてみることはもったいないと村人に信《しん》じられている。

（妻沼）

# 台《でえ》の入《い》りのおろち

むかしのこったんだねえ。

台《でえ》の入《い》りに※長者《ちょうじゃ》がいた。長者にひとりの娘《むすめ》がいたそうだ。とってもきれいな娘さんで、お嫁《よめ》さんにほしいほしいという若《わか》い衆《しゅ》が、山をこえた田ば（田のある広い所）からもきたそうだ。そんなにきれいな娘さんだったもんだから、台の入りの沼《ぬま》にすんでいるおろち（大蛇《だいじゃ》）が、あるばん、若い衆になって、

「嫁《よめ》ごにくれてくれろ、そうでねえと、台の入りの沼、ひっぽして（水を出して）しまうぞ。」

と、やってきたそうだ。

長者《ちょうじゃ》は、こまってしまったそうだ。

娘《むすめ》をおろちにくれることなんてとんでもないことだし、台《でえ》の入《い》りの沼《ぬま》の水をひっぽされても、これだって、とんでもないことだ。ことしは、雨がうんと降《ふ》る年だったから、畑に作ったたべものは、あんまりとれそうもなかった。そのうえ、沼の水なんかひっぽされればみんな水びたしになってしまう。長者は、ほんとうによわってしまった。でも、長者の娘は、長者にいったそうだ。

「嫁《よめ》ごにいきます。」

って。

それで、

「いい考えがあるから。」

っても、いったそうだ。

いい考えっていうのは、こういうことだったんだ。村では、ひょうたんがうんととれた。そのひょうたんの皮をくさらせるために、台の入りの沼にほうりこみ、ほうりこみしていたわけなんだ。だから、毎年毎年、このころになると、台の入りの沼は、ひょうたんでまっさおになったそうだ。長者の娘は、そこんところに頭をはたらかせたというわけだ。

おろちが、またいった。

「嫁ごにくれろっ。」

って。

長者は、

「はいよ。」

といったけれど、がたがたふるえて、ふるえがとまらなかったそうだ。長者の娘は、やさしい声で、

「はいはい、いますぐに。」

といって、家の中を、いそがしそうにいったりきたりしていた。

「はやく、はやく。」

おろちの若《わか》い衆《しゅ》は、だんだん、でっかい声でせきたてたそうだ。

「この着物着て、これを持って、あっそう、これも持って、そうそう、あの帯《おび》も持って

……ちょっと、わたしのいうこと聞いて

くださいな。」

といいながら、へやの中をいったりきたり、とってもいそがしそうに、とってもうれしそうに、わざと、そうしていたんだそうだ。

「うんうん、なんでも聞くから、はやく、はやく。」

って、おろちの若《わか》い衆《しゅ》が、でっかい声でいった。と、長者《ちょうじゃ》の娘《むすめ》は、うんとやさしい声で、

「おねがい、おねがい、とってもやさしいおねがい。台《でえ》の入《い》りの沼《ぬま》に、いっぱいはいっているひょうたんを、ぜんぶ、沼の底《そこ》にしずめて、ね。そうでないと、ゆっくり、あんたのところへいけないわ。」

おろちの若い衆は、

「うん、よしよし、ひょうたん、のこらず、しずめるしずめる、かんたんかんたん。」

「ね、はやくしずめてね。わたし、したくをはやくして待ってるね。きょうそうよ。」

って、やさしいやさしい声で、長者の娘がいったもんだから、

「うんうん、いいともさ。」

と、おろちの若い衆は、目玉を大きくして、うれしくなってどんどん、台の入りの沼へひっかえしていったそうだ。

うれしくなったおろちの若い衆は、若い衆のすがたのまま、台の入りの沼にとびこんだ

そうだ。

沼にぽかぽかういているひょうたんを、両手にかかえたり、首にはさんだり、しずんではうかび、うかんではしずみして、ひょうたんと、ガボガボ、ボシャボシャ、大さわぎをしていたそうだ。だけれど、おろちの若い衆が、しずんだすきに、しずめたと思ったひょうたんは、ぽかん、ぽかん、ぽかぽかっとうかび、今しずめたひょうたんは、そのつぎにおろちの若い衆がしずむと、ういてくるもんだから、ボシャン、ボカ、ボシャン、ボカッと、台の入りの沼は、でっかい音がしたそうだ。

ひとばんじゅう、こんなふうにしたもんだから、おろちの若《わか》い衆《しゅ》は、へたばってしまって台《でえ》の入《い》りの沼《ぬま》のへりっこに、ぐにゃぐにゃっとのびてしまったそうだ。

それで、長者《ちょうじゃ》の娘《むすめ》は、おろちの若い衆のところに、嫁《よめ》ごにいかなくてすんだそうだ。

長者も、村の人たちも、大よろこびだったそうだ。

でも、若い衆になったままで死んだおろちが、あんまりいとおしいので、みんなしてとむらって、台の入りの沼の近くの日なた山にほうむってやったと。


（秩父）

注　※台《でえ》の入《い》り＝地名。今の秩父《ちちぶ》市黒谷《くろや》のあたり。

# 三本足のからす

むかし、むかし、ある年の夏のことです。いく日も、いく日も雨が降《ふ》らず、暑い日がつづいたことがありました。こう暑くて雨が降らないと、畑の作物《さくもつ》は、みんなかれてしまいます。いねも麦も、葉っぱがちょりちょりによれて赤くなり、まるで火がつきそうです。お百姓《ひゃくしょう》さんたちは「こまった、こまった。」と、毎日空ばかり見あげていました。でも、雨が降りそうなけはいはありませんでした。

するとだれかが言いました。

「あ、お天とうさまが二つある……。こん

なに暑いのは、お天とうさまが二つもあるからだよ。」

「どうりで、暑いと思った。」

「このまま、毎日てりつけられては、作物はおろか、人間まで死んでしまうよ。」

暑いので、病人があちらにも、こちらにもできました。

「なんとか、ならないかなあ。」

「これでは、みんな、ぜんめつだ。」

天子《てんし》さまもたいそうご心配になり、「みんなを助けなければ。」と、お考えになり、

「だれか弓《ゆみ》の名人をさがしてこい。」

と、お命じになりました。

けらいが、四方八方《しほうはっぽう》さがしたすえ、ひとりの男をつれてきました。この人は、空高く飛《と》んでいる鳥でも、何百メートルも遠い木のえだになっている柿《かき》の実でも、たったひと矢《や》で射《い》おとすほどの名人です。

天子さまはたいそうおよろこびになり、この男に大きな弓と矢をたまわり、一つの太陽を射おとすようにと、お命じになりました。この男は、

「けっしてご心配なさいますな。かならず射おとしてごらんにいれます。」

といって、いさんで都を出発いたしました。

一つの太陽を追っかけて、とうとう武蔵《むさし》の国までまいりました。ここは小高くて、太陽を射とめるには、もってこいの場所です。

男は弓に矢をつがえて、まっていました。やがて、矢ごろもよしと、満月《まんげつ》のように弓をひきしぼり、ひょうとひと矢、射はなしました。

その矢は、あやまたず太陽のまん中につきささりました。

すると、その時です。

一天《いってん》にわかにかきくもり、あたりはまっくらになりました。ものすごいいなびかりとともに、はげしい雷雨《らいう》になりました。あまりのおそろしさに、人々は目をとじ、耳をおさえてちぢみあがり、生きたここちもありませんでした。

しばらくして、雨もやみ、きれいな青空になり、明るい太陽もさしはじめました。

やがて、弓の名人は、山の中から獲物《えもの》をさげて出てきました。みると、これはふしぎ、三本足のからすでした。人々は、

「これはふつうのからすではない。まものだ………。あの一つのにせものの太陽は、このまもののしわざだよ。」

といって、さわいでいました。

ひと雨降《ふ》ったので、草木も人も生き返ったようになりました。

この弓《ゆみ》の名人は、みんなから感謝《かんしゃ》されました。天子《てんし》さまもたいそうおよろこびになり、この男に「いるまのすくね」という名まえをたまわり、たくさんのごほうびもくださったといいます。

この土地は、「まもの」を射《い》たということから、「いるま」(入間)というようになったのだそうです。

(狭山)

# 権八《ごんぱち》地蔵《じぞう》（ものいい地蔵）

久下《くげ》の長土手《ながどて》　深谷《ふかや》の並《な》み木
さぞや　寒《さむ》かろ　さびしかろ
シャン　シャン………

馬の背《せ》に荷物を積《つ》んだ馬子《まご》たちは鈴《すず》の音《ね》に合わせながら、こう歌って久下の長土手を往来《おうらい》していた。この長土手のはしに、石の地蔵《じぞう》様《さま》が一つぽつんとたてられている。

江戸《えど》時代《じだい》の三代将軍家光《さんだいしょうぐんいえみつ》のころだった。信州《しんしゅう》の生糸《きいと》商人、絹屋弥市《きぬややいち》は、江戸での商売をすませ、大金をふところにいれて久下の長土

手にさしかかった。こん晩《ばん》の宿《やど》ときめた熊谷《くまがや》宿《じゅく》までは、もうすこしというところだったが、日は秩父《ちちぶ》の山々にかくれ暗くなりかかっていた。

そのころ、身をすっかりもちくずしていた《（お金がなくなって生活ができなくなっていた）》因州《いんしゅう》生まれ《（今の鳥取県東部）》の平井《ひらい》権八《ごんぱち》は、バクチで負《ま》けた借《しゃっ》金《きん》を返せないで困《こま》っていた。きまった職業《しょくぎょう》をもたない権八は、借金が返せるはずがなかっ

た。ついに人の金に目をつけるようになった権八《ごんぱち》は、久下《くげ》の長土手《ながどて》に立っている石の地蔵《じぞう》様《さま》のかげにかくれて、金を持っていそうな旅人《たびびと》が通るのを待っていた。

大金を気にしながら宿《やど》をめざしていそいでいた弥市《やいち》は、えものをねらっていた権八の目にとまってしまった。権八は、ふところにしのばせた短刀《たんとう》をしっかりおさえ、弥市が石の地蔵様のところにさしかかったとき、さっととび出して、ぐっと一つきにさしてしまった。不意《ふい》をつかれた弥市は身をかわすこともできずに「ウ………。」と、かすかなうめき声をあげ、その場にたおれ息絶《いきた》えてしまった。権八は、いそいで弥市のふところから、ずっしりと重いさいふをぬきとってしまった。さいふには金色にかがやく小判《こばん》がたくさんはいっていた。権八はあたりに人かげがあるかどうか目を配《くば》った。幸《さいわ》いどこにも人かげは見あたらなかった。ただ、夕やみのなかに石の地蔵様だけが目にくっきりとうつった。

何を思ったか、権八は石の地蔵様の前に行き両手を合わせて、

「わたしが、旅の商人を殺《ころ》して金をうばったことを、だれにも話さないでください。」

とお願《ねが》いした。すると、

「おれは言わぬが、主《ぬし》言うな。」（わたしは言わないが、おまえが言うな。）

と、おごそかに口を開いた。

石の地蔵様が、ほんとに口をきいたのにおどろいた権八は、弥市からうばった金をふと

ころにしまい、夢中《むちゅう》で荒川《あらかわ》の冷《つめ》たい水の流れにとびこんで、江戸《えど》へにげていった。

その後、何年かたって、権八は、別《べつ》の悪事《あくじ》で役人にとらわれ、とり調べをうけることになった。

「権八、おまえはこのほかにも、いろいろ悪事をはたらいていたであろう。つつみかくさず申してみよ。」

と、役人はきびしくせめた。かくしきれないことをさとった権八は、

「おそれながら……。先年、久下の長土手で、大金を持った商人を殺《ころ》し金をうばいとりました。」

「なぜ、そのことを、いままでかくしておったのか。」

「はい………、そのとき、石の地蔵様《じぞうさま》に『おれは言わぬが、主《ぬし》言うな。』といわれ、いままで申し上げませんでした。」

と、ついにはく状《じょう》してしまった。

つもり重なった悪事がもとで、権八《ごんぱち》はとうとう鈴《すず》が森《もり》※ではりつけにされた。権八の自白《じはく》を伝え聞いた久下《くげ》の人たちは、それから石の地蔵様を「ものいい地蔵」とか、「権八地蔵」とよんで、厚《あつ》く信仰《しんこう》するようになった。

いまでも、石の地蔵様は、久下の長土手《ながどて》にむかしながらの姿《すがた》で立っている。


（熊谷）

注　※鈴《すず》が森《もり》＝江戸《えど》時代《じだい》、今の東京都《とうきょうと》品川《しながわ》あたりにあった処刑場《しょけいじょう》。罪人《ざいにん》がはりつけにされた。

# 奥武蔵《おくむさし》の天狗《てんぐ》と鬼《おに》の話

## 天狗《てんぐ》のいたずら

檥峠《ぶなとうげ》や顔振峠《かあぶりとうげ》のある奥武蔵《おくむさし》の山には天狗《てんぐ》の話がいっぱいありますが、これはその中の話。

弁慶《べんけい》が顔を振《ふ》り振り登ったという顔振峠は、飯能《はんのう》の吾野《あがの》のほうからも、越生《おごせ》のほうからも登ることのできるむかしからあった峠道《とうげみち》で、そこからは細い道が左右、十字につらなっています。

しかし、むかしは、一歩山の中にはいれば、大木《たいぼく》がおいしげり、昼でもうす暗《ぐら》かったそうです。

その近くに高岩《たかいわ》というところがありますが、むかし、そのあたりを人が通ると、ときどき、暗《くら》くおいしげった木の上のほうでゲラゲラ笑《わら》ったり、大きな手で、パンパンと柏手《かしわで》を打ったりする音がしたそうです。これは天狗《てんぐ》のしわざだといわれています。

あるとき、山仕事をしている伝八《でんぱち》じいさんがその道を通りかかると、木の上のほうで、カチカチ、カチカチというひょうしぎを打つような音がしました。伝八じいさんはおどろいてあたりを見ましたが、うす暗い木のかげにだれも見えません。そのうち背《せ》すじから寒けがしてきて、昼間だというのに、ブルブルふるえだしました。伝八じいさんは、これはきっと天狗のしわざにちがいないと、急いで山小屋にかけもどりました。

夜になりました。

みんなねしずまったころ、山のほうで、ドサン、ドサンという木をきりたおす音がしてきました。伝八じいさんはおどろいて外に出ようとしましたが、こわくて出られません。ふとんの中でぶるぶるふるえていると、こんどは、山小屋がグラグラゆすれてきました。

伝八じいさんは、もう生きたここちがしなかったそうです。

次の朝、伝八じいさんが外へ出て調べてみても、一本の木もたおれているようすもなく、

他のひとは、家がグラグラゆれたことも気がつかなかったそうです。

伝八《でんぱち》じいさんは、大岩の近くにあったおとなのふたかかえもある大きな松《まつ》をきったことを思い出しました。その木は、むかしから天狗《てんぐ》のこしかけ松といって、だれもきろうとはしなかった木だそうです。

伝八じいさんは、これはきっと天狗がおこったのだといって、二、三日とこの中にねこんでしまったということです。


（飯能―吾野）

## 天狗《てんぐ》に力をつけてもらった男

これは顔振峠《かあぶりとうげ》と尾根《おね》つづきで、高麗《こま》の近くにある日和田山《ひわださん》の話です。
むかし、この日和田山のふもとの中野《なかの》というところに荒井末太郎《あらいすえたろう》という弱虫で、力もない男が住んでいました。
ひとが畑を一たん（約千平方《やく》メートル）たがやすのに、この男はたったの一せ（約百平方メートル）もたがやすのがやっとでした。だからふつうのひとが畑を、
ドッコイ、ドッコイ

といって、たがやすのに、この末太郎は、

チッピリ、チッピリ

といって、たがやしたそうです。

何をやっても一人まえのことができないので、おとなはもちろん、子どもからもばかにされていました。そこで、末太郎は、どうかして強くなりたいと思い、日和田山の天狗《てんぐ》に願《がん》をかけました。まい日、夜の丑《うし》の刻《こく》(午前二時)に金《こん》ぴら様におまいりをしました。

中野地区から、日和田山に行くには、途中《とちゅう》にエボ石峠《とうげ》というところを通らなくてはなりません。なんでこんな名まえの峠かというと、途中に大きな石があって、その石にくぼみがあり、いつもここに水がたまってしまっていました。ここに大きな石があって、その水をつけるとイボがとれるといわれているからです。

天狗に願をかけてから九日めの夜のことです。

この弱虫男がここを通ると、エボ石峠のもみそ(もみの木)の古い木に、たくさんのちょうちんがつるされ、風がふくと、ゆらりこ、ゆらりこ、いちどきにゆれていました。

これは、天狗のちょうちんというもので、天狗がこの男のきもをためしたのです。

末太郎はぶるぶるふるえながら、下をむいてちょうちんを見ないようにして、やっとのおもいでそこを通りすぎました。

ようやく金《こん》ぴら神社《じんじゃ》にきて、いっしんにおがんでいると、こんどはお堂《どう》がユサ、ユサとゆれだしました。それでもがまんして、願《がん》をかけていると、天狗《てんぐ》はみどころのあるやつだと感心して、ついにその男に大力をさずけました。

その翌日《よくじつ》です。

中野《なかの》のひとたちは末太郎《すえたろう》にそんなことがあったとは知りませんから、この弱虫男をからかいました。げたをはいて、米を三俵背負《びょうせお》って歩いたらその米を全部《ぜんぶ》おまえにやろうというのです。

ところが、天狗に力をさずけてもらった末太郎は、にやり笑《わら》って、「ウンショ。」とひと声、村のひとたちがおどろくまに、米俵《こめだわら》三つをかるがると背負いあげ、家に持って帰ってしまったそうです。

村のひとたちは、びっくりした口をポカーンとあけたまま、いつまでもこの弱虫男だった末太郎のうしろすがたを見ていたそうです。

（日高）

## 鬼《おに》と神力坊《じんりきぼう》

これは奥武蔵《おくむさし》、都幾川《ときがわ》の鬼《おに》の話である。

むかし、坂本《さかもと》の八幡神社《はちまんじんじゃ》に神力坊《じんりきぼう》という山《やま》ぶしが住んでいた。

そのもとへ、ときどき秩父《ちちぶ》のほうから鬼《おに》がやってきて大酒を飲んだり、ごちそうをねだったり、そのほかいろいろの無理《むり》なことをい

うので困《こま》っていた。

そこで、ことしこそはこの鬼《おに》がこないようにしてやろうといろいろ考えたすえ、計略《けいりゃく》をねって待ちかまえていた。

鬼はそんなこととは知らず、いつものとおり、まるで空をかけるようなはやさで、正丸《しょうまる》峠《とうげ》から刈場坂《かばざか》をとおってやってきた。

神力坊《じんりきぼう》は、いつものように酒を出し、そのさかなには、かねて用意《ようい》しておいた竹の根を輪《わ》ぎりにした竹の子と、白い石を四角にきってつくったとうふを出した。そして、自分には、たけのこのにたものと、とうふを用意しておいた。

鬼が竹の子をつまんで口の中にほうりこんだので、神力坊も竹の子を口の中にいれて、むしゃむしゃと食べた。ところが鬼のものはなかなかかみきれない。つぎに鬼がとうふを食おうとして口の中に入れたが、あまりにかたいので歯《は》がたたない。鬼はうまそうに食べている神力坊をみて、人間はこんなかたいものを食うのかとたずねた。

神力坊は笑《わら》って、

「はあはあ、このとおりわしみたいなとしよりでもこんなものはやすやすと食うことができるのじゃ。」

とこたえた。

鬼はむうっとした顔でむりに石のとうふをかみくだいて飲みこんでしまった。そのようすを見て、神力坊はつづけて、

「人間にはのう、もっと力の強いやつがおって山でも畑でもひっくりかえしたり、皮をむいたりするものがおりますのじゃ。」

と話して聞かせた。

鬼がそうとう酒を飲み食いしたところをみはからって、神力坊は鬼を外へ案内《あんない》してみせた。

「ややっ。」

鬼が外へ出てみると、さきほどくるときには一面《いちめん》にこがね色にみのっていた麦畑がいつのまにかかりとられて地面はほっくりかえされ、まっ黒な土がでていた。

これはあらかじめ神力坊が村の衆《しゅう》にたのんで無言で麦をかり、畑をたがやしてもらっておいたのだ。

神力坊はそしらぬ顔をして、

「ああ、これはひどい。さきほどうわさをしたので大力坊《だいりきぼう》がおこって出てきて、畑をひっくりかえしてしまったわい。このうえおこりだしたら家も山もみんなひっくりかえしてしまうにちがいない。困《こま》ったことだ。」

と、おどろいてみせた。

鬼《おに》もこのようすを見て、なるほど人間にはえらく力のあるやつがおるものじゃと心のうちで思ったが、口には出さなかった。けれど、腹《はら》がむしゃくしゃしておもしろくなかったのか、門のかたわらにあったしだれ桜《ざくら》をぐいっとへしおって帰っていったという。

それからのち、鬼はばったりすがたを見せなくなったということだ。


（都幾川）

# 悪《あく》竜《りゅう》退《たい》治《じ》

坂東拾番《ばんどうじゅうばん》、岩殿観音《いわどのかんのん》（東松山《ひがしまつやま》）をとりまく、四十八峰《ぼう》、九十九谷が、まだ、大むかしのままの姿《すがた》のころのことである。

この山の中に、いつ、どこからきたのか、おそろしい竜《りゅう》が住みついていた。そのおそろしさといったら、ま夏に雪をふらせ、ま冬にかみなりをならすといったものだ。ときどき村里《むらざと》へ出てきては田畑をあらし、人も食ったりするので、村人はこまりぬいていた。

「悪竜《あくりゅう》を退治《たいじ》してくださるちゅう話だ。」

どこからからか、うわさがとんだ。

「あんなおそろしい竜を退治できるわけがねえ。」

村人たちは、はじめのうちは本気にしなかった。けれども、悪竜退治に名のりでたさむらいが坂上田村麻呂《さかのうえのたむらまろ》だと知ると、村人たちはもしかしたら退治できると思った。

坂上田村麻呂は、えぞ征伐《せいばつ》のためにはるばる都《みやこ》から大ぜいの家来《けらい》をつれてこの地を通るとき、悪竜退治をすることになったのだ。

いよいよ、その日がきた。

ま夏だというのに、ひざまでうずまる大雪がふった。寒さときたら、からだがこおるほどだ。

田村麻呂は、ただひとり、大剣《たいけん》と強い弓矢《ゆみや》をもって岩殿山中《いわどのさんちゅう》へいった。

いちばん高い山(今の物見山《ものみやま》)からあたりを見ても、見わたすかぎり白一色、竜のすみかもらしいものなどない。

田村麻呂は、目を閉《と》じ、観音《かんのん》さまに祈《いの》った。

「どうか、村々のなんぎをすくうために、悪竜を退治させたまえ。」

そうして、しずかに目をひらいて、山々や谷々を見わたすと、ただ一か所だけ雪のつもっていない沢《さわ》(今の雪解沢《ゆきどけざわ》)が目についた。

「ああ、ありがたいことだ。これぞ観音さまのお告《つ》げ、あそこが悪竜のすみかにちがいな

い。」

田村麻呂《たむらまろ》は、さっそく強い弓《ゆみ》に大きな矢《や》をつがえ、強くひいて、ひょうと放《はな》った。

大きな矢は、びゅうんと風をきって飛《と》んでいき、沢《さわ》のまっただなかにぶすっとつきささった。

すると、空は黒い雲でおおわれ、山がごうごうとなりだした。大地はぐらぐらゆれ動く。

そうして、さあっと生《なま》ぐさい風がふいてきたかと思うと、たけりくるう悪竜《あくりゅう》が姿《すがた》をあらわしたのだ。

田村麻呂が射《い》った弓矢は、悪竜の左の目につきささっていた。何十メートルもある大きな竜は、ほのおのようなまっかな舌をおどらせ、山はだをはいながら、田村麻呂めがけてやってきた。

田村麻呂は、おちついて二の矢をとって、竜の右の目を射る。

二の矢もあやまたず（まちがいなく）右の目につきささり、血が散《ち》った。

目が見えなくなった悪竜は、なおも、田村麻呂をひとのみにしようとあばれくるったが、田村麻呂はおそってくる悪竜ののどもとめがけて大剣でつきさした。さっとふきだす血しぶき。さすがの悪竜も、しばらくはのたうちまわっていたが、ついに力つきた。

その死がいは七つの谷に横たわるほどであった。

ふもとの村里にいた家来《けらい》たちが、山をかけ登ってきておどろいた。

見るもおそろしい悪竜が、まっ白な雪を赤く染《そ》めて横たわっているではないか。

田村麻呂はといえば、全身に血しぶきをあび、ポタポタ血のしたたる大剣《たいけん》をひっさげて立っていた。

田村麻呂は家来たちの前で大剣で悪竜の首をきりおとし、観音《かんのん》さまにお礼を申し上げ、家来たちに悪竜の首をかつがせ山をおりた。

悪竜の首は、山すそに大きな穴《あな》をほってうずめ、二度とこの世にあらわれないように大きな石を置いた。

ここは後《のち》に大きな用水池《ようすいち》になったが、不思議《ふしぎ》なことにその池にはかえるが住みつかない。

それで、この池は「鳴《な》かずの池《いけ》」と、よばれるようになった。

また、岩殿《いわどの》山をとりまく村々では、毎年六月一日には、門《かど》ごとにすくもう（小麦のから）をもやし、小麦粉《こ》のゆでまんじゅうをこしらえて、田村麻呂将軍《たむらまろしょうぐん》にお供《そな》えする風習《ふうしゅう》が続《つづ》いた。それは、田村麻呂が、悪竜《あくりゅう》を退治《たいじ》して村にかえってきたとき、村人たちがすくもうをもやし、小麦粉のゆでまんじゅうをこしらえてたいぐうしたからである。

そして、このすくもうの火でおしりをあぶると、その年は無病息災《むびょうそくさい》になるといわれるところから、この小麦粉のゆでまんじゅうは、「しりあぶりまんじゅう」ともよばれていた。

（東松山）

# 天狗《てんぐ》の六べエ

上田野村《かみたのむら》(秩父《ちちぶ》の荒川《あらかわ》あたり)飛沼《とぬま》に名主《なぬし》がおった。数人の若者《わかもの》がここで働《はたら》いておったが、その中に六べエというものがいた。

六べエは、からだが大きいから顔もまのびしており、何をやらせても動作がおそい。話しぶりもおそかった。六べエと話していると、いらいらするほどまどろっこしい。それに、まことにたよりない。名主も、仲間《なかま》も、ついには村人さえも、かれを「のろまの六」と呼《よ》んでいた。

ある日。

名主《なぬし》は、六べエに木ひろいを命《めい》じた。六べエは、返事はしたが、なかなか出かけようとしない。広いやしき内を、なんということなしにうろうろしている。名主は、とうとう腹《はら》をたてた。

「六！　仕事がいやなら、メシも食うな。」

名主の大声にびっくりした六べエは、あわててしょいた《背負板》を背《せ》おい、のそのそとやしきを出た。

六べエは、そのまま、いく日たっても帰らなかった。はじめのいく日かは、みんな心配したが、やがて、六べエのことなど、だれもわすれてしまった。

数年がすぎた――。

ある日、ひょっこり、六べエが帰ってきた。まのびした、ひげぼうぼうの顔の中に、今までの六べエにない目のひかりがちょっぴり感じられた。

「どこをほっつき歩いていた。」

と、名主がたずねた。しかし、六べエは、何も答えなかった。

そのまま、また六べエは、名主の家ではたらいた。

それから数日たった。

雨で流された荒川《あらかわ》の橋のかけかえがおこなわれた。六べエも、名主の家から人足《にんそく》のひとりとしてかり出された。かり出し人足となると、だれも仕事はおそいが、休みははやい。

だれかの、

「ひとやすみすべえ。」

の声を合図《あいず》に、みんな川原《かわら》にこしをおろした。

気のきくいく人かの若者《わかもの》が、川原の石をつみかさねて、かまどを作り、お湯をわかしはじめた。みんな、そのまわりに集まってきた。

六ベエが、そのかたわらでボソボソとつぶやいた。

「このやかんの水がわかかねえうちに、武甲山《ぶこうざん》の頂上《ちょうじょう》へのぼってかねをたたいてみるか。」

これをきいた村人たちがおどろいた。

「そんなことができるわけがねえ。」

と、村人たちは笑《わら》った。

「できたらどうする。」

「ああ、できたらおぬしはもう仕事をしなくていい。ここで昼ねでもするがいいさ。」

「よし、きっとだな。」

六べエの目が、いつになくするどく光った。人足《にんそく》たちの笑い声を背《せ》に六べエは、いちもくさんに走りだした。

ここから武甲山まで、どんなに急いでも四時間はかかる。お天狗《てんぐ》さまだって、そんなことができるわけがねえと、みんな笑ってとり合わなかった。

と、しばらくして、かねの音が流れてきた。たしかに頭上《ずじょう》の武甲山のいただきからである。みんな、あんぐりと口をあけて、頂上を見上げていた。やかんの水は、まだ、コトリともしない。

やがて、手づくりのかまどのやかんが、チンチンと音をたてはじめた。やかんの口からやわらかい湯げがもやもやとたちのぼりはじめた。ちょうどその時、「のろまの六」が帰ってきた。しかし、だれも、六べエの足を信じなかった。

「だれかとぐるになったんだ。」

「別《べつ》のだれかが、かねを鳴らしたんだ。」

「おまえは、とちゅうの山ん中で、ねていたんだろう。」

そうだ、そうだと、人足たちは笑いとばした。六べエは、だまってきいていたが、そのままふらりと、またどこかへ立ち去った。

小半《こはん》とき(三十分)して、六べエは帰ってきた。手に一反《たん》の白ぎぬを持っていた。

「みんなうそだと言うなら、これはどうだ。」

と言うと、反物《たんもの》の片方《かたほう》のはしをこしにゆわえ、広い川原《かわら》を、いきなり走りだした。白ぎぬは風にはためいて、六べエの後ろになびいた。六べエは、広い川原をすみからすみへと何《なん》度《ど》もいききした。一反の白ぎぬは、とうとう一度も地面にふれずに風になびきとおした。

さすがの人足たちも、かたずをのんで見守っているだけだった。

六べエのはや足のうわさは、たちまちに村じゅうへひろがっていった。

またいく月かすぎた。

贄川《にいがわ》のさるお大尽《だいじん》※で、婚礼《こんれい》をすることになった。お大尽は、この婚礼に、生ざかなを使いたいと思った。生きのいいさかなは、江戸《えど》へ行かねば手にはいらない。しかし、江戸ま

で片道《かたみち》三日。これでは、せっかくの生ざかなもかたなしである。あれこれと思案《しあん》の末《すえ》、六べエを思いついた。

お大尽《だいじん》は、飛沼《とぬま》の名主《なぬし》のもとへ出かけ、わけをはなして、六べエを数日かしてほしいとたのんだ。名主も六べエもこころよく承知《しょうち》し、ひきうけてくれた。六べエは、

「なあに、江戸くらい一日あればいい。朝出かけて、日ぐれまでにはけえってくるよ。」

と、すずしい顔である。

婚礼《こんれい》の前の日。わらじ、きゃはんに足をかためた六べエは、朝つゆをふんでいきおいよくかけだしていった。

その日の夕方、太陽が西の山にかかるにはまだ間があった。近所の男が、お大尽の家にとびこんできた。

「お大尽さま、たいへんだ。六べエのやつ、江戸へは行かねえらしいだ。荒川《あらかわ》で水あびしていますだ。」

「なに、六べエが?」

「へエ、この目でたしかに見ましただ。」

さあ、お大尽の家は人さわぎ。六べエの足を頭から信じ、たよりさって、ほかにはなんの用意もしていない。お大尽は、へたへたと、ざしきのまん中へすわりこんでしまった。

そこへ、六べエが帰ってきた。

「へエ、お大尽さま。ただいまもどりました。あまりとちゅうをいそいだもんで、大あせをかいちゃって。」

と、言いながら、持ちこんだ荷物をひらいた。木ばこの中には、今にもおよぎだしそうな生《い》きのいいタイやマグロが、びっしりとつまっていた。

いならぶ人々は、六べエのいだてんぶりに今さらながら目を見はった。

六べエは、また、とてつもない怪力《かいりき》の持ち主《ぬし》でもあった。

冬のある日。

六べエは、近くの家のたきぎ作りをたのまれた。山の雑木《ぞうき》を切りたおし、えだは、その場でたばねて、そだ(たきぎにつかうえだ)にし、幹《みき》は、家にもちかえり、さらにおので細かく割《わ》って、家のまわりに積《つ》み上げて、一年じゅうのたきぎとしてたくわえるのである。

これが、秩父《ちちぶ》地方一帯《いったい》の冬のたいせつな仕事のひとつだった。

仕事をひきうけたものの、六べエは、いっこうにこしを上げようとしない。あいかわらず遊びほうけていた。たびたびさいそくしたたのみ主も、とうとう腹《はら》をたててしまった。

六べエは、しぶしぶとこしを上げた。

「そんなにあわてるこたあねえ。なあに、今夜のうちに、おたくの庭に山と積み上げておいとくよ。」

と、すずしい顔である。たのみ主は、きっとだぞ、と念《ねん》をおして帰った。念はおしたが、また六べエの言いのがれだろうと思っていた。

よくあさ、雨戸をあけてたのみ主はおどろいた。なんと、庭のまん中に、屋根までとどくほどのたきぎの山ができているのだ。

たのみ主は、六ベエの家へ走った。

「六、おまえひとりで、あんなに運べるはずがない。いったい、どうしたのだ。」

と、問いただした。六ベエは、

「なあに、ぞうさもねえこった。家へけえって待ってなせえ。ひとしょい、背負《せお》ってきてみせるから。」

と、すましている。たのみ主はそのまま、家へ帰った。

待つ間もなく、六ベエがやってきた。なんと、十二子《ご》のはしごに、いっぱいたきぎをつけて、背負ってきたのである。

六ベエは、「のろまの六」から「天狗《てんぐ》の六ベエ」とかわった。

六ベエも、だいぶ年をとった。年をとってから名を即道《そくどう》とあらためた。即道となってからも、やはり奇妙《きみょう》なおこないが多かった。

そのころ、即道は、とある薬師堂《やくしどう》に寝起《ねお》きしていた。

ある日、即道は、お堂の薬師像《ぞう》をたたきわって燃《も》やしてしまった。ふきんの人たちは、かんかんになっておこった。しかし、即道は、

「こんなもんなら、わたしにもほれる。ひと晩《ばん》まて。」

と、村人たちを追いかえしてしまった。

村人たちは、よくあさ、即道《そくどう》のもとにおしかけた。お堂のとびらは、いっぱいにひらかれ、ざしきのまん中に、木のかおりもあたらしい薬師像《やくしぞう》が立っていた。即道は、そのかたわらに、ひじまくらでゴロリとねころんでいた。

「おお、薬師さまだ。」

「りっぱなものだ。」

と、村人たちは、おどろきの声をあげた。

「おい、こりゃあちがうぞ。ここの薬師さまは、すわり薬師だ。こりゃあ、立っているじゃあねえか。」

と、ひとりがさけんだ。村人たちは、ざわざわとさわぎたてた。即道は、これをきくと、もそもそと起き上がった。

「ちがう？　そうか。それなら、もうひとつほる。こんなものはすてちまえ。」

と、立ち上がると、立ち薬師像をかるがるとかつぎあげた。

「あしたの朝、またこい。こんどは、すわり薬師だ。」

即道は、村人たちをかきわけて、立ち去ってしまった。

よくあさ、やはり、りっぱなすわり薬師の木像《もくぞう》はちゃんとほり上がっていた。

った。

即道《そくどう》は、井戸《いど》ほりの名人でもあった。たのまれて村のあちこちに、いくつもほった。贄川《にいがわ》にほったときのことだ。ほり上げたところが水が出ない。こんなことは、今までになかった。

「わしが、中へはいってみる。かねをたたきながらはいるが、かねの音がきこえなくなったら、水が出る。みんな、よく聞いていているんだぞ。」

と、言いのこして、即道は井戸の中におりていった。

かねの音は、しばらくきこえていた。みんな、じっと、きき耳を立てていた。やがて、かねの音がやんだ。地の底《そこ》からヒタヒタと、水の音がきこえてきた。

「そら、水が出た。即道を上げろ。」

と、村人たちは、いのちづなを引いた。ところがいのちづなには、なんの手ごたえもなく、するすると上がってきた。即道がいないのである。大さわぎになった。いかりをおろして、底をさらうやら、はては、若者《わかもの》がおりてさがすやら……。

その後、即道のすがたを見たものは、だあれもいない。

（荒川）

注　※お大尽《だいじん》＝財産をたくさんもっている人。

# 五兵衛《ごへえ》さま

むかし、秩父《ちちぶ》の浦山《うらやま》にな、五兵衛《ごへえ》さまちゅうたいへん物知りの名主《なぬし》(今の村長)さまがおった。

村の人たちは、「なんでもわからねえことは五兵衛さまにきけ。」ちゅうぐらいに、いろいろなことや、もめごとなんかおこると五兵衛さまにききに行った。五兵衛さまはおだやかな人だったから、「やれ、やれ、村にもめごとが始まった。」「やれ、悪いことが始まった。」と思っても、顔いろをかえずに「それはいろいろな事情《じじょう》があって、そういうことになるんだから。」

と思って、村の人の言うことを、いちいち、よくきいてやったそうだ。だから、五兵衛《ごへえ》さまが裁《さば》き(裁判《さいばん》)をつければ、それでおさまって、だれも文句《もんく》を言う者はなかった。村の人たちは、

「五兵衛さまは、まるで大岡越前守《おおおかえちぜんのかみ》※さまだ。」

と言って、尊敬《そんけい》したそうだ。

ある時、この浦山《うらやま》に野《の》あらしがあった。畑のさつまいもをぬすんだり、よくみのったそばを夜中にごっそり刈《か》りとったり、そこいらじゅうの畑があらされた。そして、村じゅうの大さわぎになった。作物《さくもつ》をぬすまれた百姓《ひゃくしょう》たちが、五兵衛さまのところへうったえて出た。

ところが、五兵衛さまは平気な顔で、

「そうか、よく来た。よしよし。それじゃあ、こういうことにしよう。あのな、村じゅうの者にふれをまわしてな、六尺《しゃく》(約《やく》一・八メートル)のかしの棒《ぼう》を持って氏神様《うじがみさま》の広場へ集まるように言ってくれ。」

と、言いつけた。百姓たちは、さっそく村じゅうにそのことを知らせた。

「六尺のかしの棒を持って集まれとよ。五兵衛さまのところじゃあ、たきぎでもなくなったんだんべえか。」

村の人たちはふしぎに思いながら、五兵衛さまの言うことじゃあと、みんなそれぞれ、棒を持って広場に集まってきた。五兵衛さまは、同じ高さのかしの棒を持った村の人たちを前にして、

「気をつけ！」

と、大きな声で号令《ごうれい》をかけた。それから、

「右へまわれ。」

「左へまわれ。」

と、つぎつぎに号令をかけた。しばらくは棒を持たせたまま。村の人たちは右のほうへまわったり、左のほうへまわったりしているうちに、その中には、「野あらしはわしがやったんだが、知られては……知られては……。」と、ビクビクしている者がいた。そこへもってきて、五兵衛さまが大きな声で、

「あっ、野あらしの棒が少し低《ひく》すぎるぞ。」

と、言ったもんだ。すると、びっくりして、棒をちょっと持ち上げたやつがいた。それが野あらしの犯人《はんにん》だった。ほんとに申しわけなかったと、みんなの前に手をついてあやまったということだ。

ある時、ある豪儀《ごうぎ》(すばらしくりっぱ)なおやしきから、お客さまによばれた。近所の人

も十人ほどよばれた。なにしろ、浦山《うらやま》というところは武甲山《ぶこうざん》の裏《うら》っかわで、山の中の不便《ふべん》な所だったから、お客さまによばれることなんて、めったになかった。みんなは「どうしたらよかんべえ。」と困《こま》ってしまったが、「なあに、五兵衛《ごへえ》さまのするとおりにすればよかんべえ。」と言うことになって、五兵衛さまの後《あと》にぞろぞろついて行った。そして、「五兵衛さんがおいでんなった。」と案内《あんない》されて、奥《おく》ざしきによばれて行ってならんだ。まあ、浦山の人たちは、みんな五兵衛さまのひざ元《もと》ばかりながめていた。いろいろごちそうを出されて、いよいよ食べるときになった。

ところが、どうしたことか。五兵衛さまが里芋《さといも》を一つはさみそこなって、コロコロッとたたみの上へ落としてしまった。さあ、後の人も五兵衛さまのまねをして、里芋をはさんでは、たたみの上にコロコロッと落とす。また、後の人も落とす。もう十人の人が全部《ぜんぶ》里芋を落としてしまったんで、五兵衛さまもあわててしまい、「そんなことをしちゃ困る。」と言うと、「そんなことをしちゃ困る。」と、となりの人に言いつぐ。そして、つぎつぎに、「そんなことをしちゃ困る。」と、みんな言いついでいく。五兵衛さまは、ますますあわててしまって、なんとも言うことができないで、今度はとなりの人のひざをたたいた。するど、となりの人は、そのとなりの人のひざをたたく。また、そのとなりの人は、つぎの人のひざをたたく。そうして、全部ひざをたたきぬいてしまった。五兵衛さまは、「あきれた人たちだ。」と思いながら、大きな目をむいてとなりの人をにらめると、となりの人も大きな目をむいて、そのとなりの人をにらめる。つぎからつぎへ全部にらめてしまって、いちばんしまいの人になったら、「おれはだれをにらめるんだんべえ。」と、大きな声で言ったもんだ。五兵衛さまは困りぬいてしまって、もうハア、ごちそうどころじゃあない。あっちこっちを少しばかり食べて、あわてて外へとび出した。

むかしはくぐり戸《ど》といって、家の入り口に三尺《じゃく》(約《やく》九十センチメートル)ぐらいのくぐってはいる小さな戸口《とぐち》があった。五兵衛さまはげたをつっかけて、あわてて外へとび出ようとしたもんだから、頭を戸口の上へぶっつけてしまった。五兵衛さまの後《あと》からげたをつっかけて行った人も五兵衛さまのまねをしてぶっつける。その後から行った人もぶっつけるせいの小さい人はとび上がってぶっつける。五兵衛さまはハアハア息を切らして、庭の桃《もも》の木の下へドカッとすわっちゃった。すると、後の人も桃の木の下へどかっとすわる。つぎからつぎへ、ハアハア息を切らして桃の木の下へすわっちゃったとさ。

(秩父)

注　※大岡越前守《おおおかえちぜんのかみ》＝徳川《とくがわ》八代将軍吉宗《しょうぐんよしむね》につかえた、江戸《えど》(今の東京)南町奉行《みなみまちぶぎょう》。うまい裁判《さいばん》をするので名奉行《めいぶぎょう》といわれた。

# おりん狐《ぎつね》

むかし、大野原《おおのはら》のぬくゆ大芝《おおしば》というところに、たくさんの狐《きつね》がすんでいた。

ぬくゆ大芝というのは、黒草《くろくさ》、たで沼《ぬま》の横《よこ》瀬《ぜ》川っぷちの日あたりのいいがけ《(がけ)》っとだ。そこに、しっぽの長さが三尺《じゃく》(約《やく》一メートル)もある親分狐《おやぶんぎつね》おりんがおった。

なんでも、下殿河原《しもどんがわら》の狐くろぼの姉《あね》ご、犬《いぬ》が番場《ばんば》のとうじと、秩父谷《ちちぶだに》の名だたる親分狐にかぞえられていたそうだ。

そのころのたで沼は、人のすむ家もほんの二、三げん、赤松《あかまつ》の林とすすきっ原で、ぼうぼうとしたあれ野だった。

たかしの山に月がのぼり、横瀬川がきらきら流れて、春の晩《ばん》だ。

おりん狐をはじめ、ぬくゆ大芝の狐どもは、春のにおいのするこんな晩を待っていたものだ。

忍《おし》(行田市《ぎょうだ》)の領主《りょうしゅ》さんが、大宮《おおみや》(秩父市《ちちぶ》)の陣屋《じんや》におとまりだというので、大野原の宿《しゅく》にも宿役人《やどやくにん》がとまることになっていた。

おりん狐は、寄《よ》り合い(集まり)からの帰り道、宿役人のいることもわすれ、広見寺《こうけんじ》の裏山《うらやま》で月をながめ、いい気持ちになって源蔵寺《げんぞうじ》の前畑《まえばたけ》にかけおり、街道《かいどう》に出たもんだ。宿役人の番所《ばんしょ》のあかりがぼうっとかすみ、大野原の宿はいつもとちがっている。

春の月にうかれてるっていうあんばいだ。

たで沼の多作《たさく》も、とっくり片手《かたて》に、いいきげんで街道に出てきた。多作が、番所の前を通りかかると、道っぱたの馬つなぎ場から、これまた、いいきげんの宿役人がうかれ出てきたもんだ。

「これいっ、どこへいくかあ。」

役人が、多作に呼《よ》びかけた。

「へっ、どこへいくかって、これでがんす《これですよ》。」

右手のとっくりをぶるーんとふってみせたとたん、運わるく、とっくりのなわが切れてびゅーんととんでいって、馬のシリにあたってしまったからたまらない。馬は、

「ヒヒーン。」

と、前あしをあげる。役人は、

「ぶれい者。」

と、どなる。いいきげんの多作《たさく》は、

「申しわけござんせん《ございません》。」

と、とっくりをひろおうと、ぺたぺた馬つなぎ場へはいろうとしたとたん、役人に首ったまをおさえつけられてしまった。大野原《おおのはら》の宿《しゅく》は、急に、大さわぎとなった。

おりん狐《ぎつね》は、れんぎょうの花のかおりのしげみに身をふせ、長いしっぽをうごかした。

宿の者も、たで沼のもんも、黒草《くろくさ》の女衆《おんなしゅう》も、番所《ばんしょ》の馬つなぎ場の前に集まってきた。

いいきげんだった多作は、よいがさめて青くなってしまった。

「ごかんべんを。」

たかしの山には、春の月がまんまるい。

役人は、いいきげんなうえに、さらにいい気になって、ぺこぺこあやまる多作をにらみつける。みなの衆《しゅう》は、

「ごかんべんを。」

「ごかんべんください。」

と、いったものだから、役人は、またまた、いい気になって、まっかな顔をふくらませ、

「ならぬ、だまれっ、打《う》ち首《くび》だ。」

と、どなりはじめたもんだ。

みなの衆は、こまって、はて、と首をかし

げておったが、いつのまにか、いいきげんの役人がひっこんで、お酒をのんでいない役人が番所から出てきて、多作《たさく》をうしろ手にしばってしまった。

「武士《ぶし》にたいして、ぶれいなやつ、かんべんならん。」

と、馬つなぎの場の棒《ぼう》にくくりつけ、みなの衆《しゅう》をにらみつけた。

そのときだ。

「さあ、みなの衆、ひきあげてくだされ。」

と、もんつきはおり、はかまをつけた名主《なぬし》のじいさまが、おともをつれてやってきた。みなの衆は、ほっと胸《むね》をなでおろしたもんだ。若者《わかもの》の三人がお酒の大とくりを、そのあとに娘《むすめ》ごがふたり、ごちそうをささげてやってきた。

「このたびは、たいへんごぶれい、ひらにおゆるしくださ い。どうか、多作めをゆるしてやってくださいませ。」

と、役人にむかい、ていねいに一礼した。

「さあ、あとは、このわしがおゆるしをこうて、多作めを帰してあげたい。みなの衆、ひきあげてくだされ。」

といって、名主のじいさまと、五人のおともは、番所《ばんしょ》にはいっていった。

いっときの街道《かいどう》のさわぎもおさまり、多作も名主のおかげで、ぶじに、なわもとかれ、わが家へ帰っていった。

たかしの山のてっぺんに春の月がまんまるい。

役人の宿《やど》は、あかあかとあかりがともり、名主のじいさまからのおくりもので、うたったり、おどったりの酒《さか》もりのまっさいちゅうだ。

「きゃっ、きゃっ。」
四、五人の娘ごが、はたご(やどや)の庭にとびだし、そのあとから、二人の役人が、よたよたしながらおっかけてでてきたもんだ。
「きゃっ、きゃっ。」

娘ごは、庭をめぐり、ぴょんぴょんと街道にでてしまった。役人は、あっちへふらふら、こっちへよたよたと、

「これいっ。」

「こら、まて。」

おいかける。もう、大野原《おおのはら》の宿《しゅく》には、人っ子ひとりいない。

たかしの山のてっぺんに、春の月がまんまるい。

娘ごと、役人は、春の月夜の街道にうかれでたもんだ。

そんなときだ。

「えいっほっ、えいっほ。」

と、かごかきのいせいのいい声がして、一ちょうのかごが、街道《かいどう》を進んできた。役人は、

「これ、と、とまれ。」

と、大手をひろげ、かごを止めてしまった。かごかきは、

「おかごの方《かた》は、領主《りょうしゅ》さまでございます。」

といって、かごのわきに平伏《へいふく》してしまった。

役人は、

「うそを申せい、どれっ。」

と、かごのみす(すだれ)をはね上げ、おどろいた。大宮《おおみや》の陣屋《じんや》におとまりの領主さまが、この目の前に、このおかごの中に乗っておいでだ。

「へっ!」

「へっ！」

「はっ！」

三人の役人は、ぴたん、ぴょたんと、土下《どげ》座《ざ》したもんだ。

「ふとどき者めが、しばりあげて、陣屋に引っ立てい。」

おかご一ちょうとばかり思いこんでいた三人の役人は、二度びっくりしてしまった。おともの武士《ぶし》が、ずらずらといるではないか。すぐさま、きりきりっと、役人をしばりあげてしまった。

「ゆけ。」

領主《りょうしゅ》さまは、役人を引っ立てて、陣屋《じんや》へもどっていかれた。

春の月は、ちょっぴり、雲にかくれ、たかしの山が、うすずみ色になったもんだ。

ゆうべは、ことしはじめてのおぼろ月夜だった。

多作《たさく》は、月をながめながら、ひとばんじゅうかかって、忍藩《おしはん》ご用達《ようたつ》の赤松材《あかまつざい》十石《こく》の木挽《こび》き(材木をのこぎりでひくこと)を終えた。ねむい目をこすりながら、ふと、松林《まつばやし》のおくから助けを呼《よ》ぶ人の声を聞いた。

びっしょりぬれた三人の宿役人《やどやくにん》が、たで沼《ぬま》のすすきっ原から、およぐようにしてはいだしてきたのは、昼近いころだった。

多作もたで沼の人たちも、おりん狐《ぎつね》にやられたおさむらいを、くすくすわらってながめた。

ゆうべは、おりん狐をはじめ、ぬくゆ大芝《おおしば》の狐どもは、たっぷりと、春の月夜をたのしんだというもんだ。

（秩父）

# 埼玉のむかし話地図

㉘台の入りのおろち
㉙三本足のからす
㉚権八地蔵（ものいい地蔵）
㉛奥武蔵の天狗と鬼の話
㉜悪竜退治
㉝天狗の六べエ
㉞五兵衛さま
㉟おりん狐

①大力大べえ
②大蛇の大きさ七モッコハタル
③喜多院の龍
④づらっぽうさま
⑤見沼の弁天様
⑥大うなぎ
⑦でえだんぼう
⑧亀の子渕
⑨梅若塚
⑩石の中の話し声
⑪田植え地蔵
⑫豆木法印
⑬カッパのさかさ桜
⑭けちんぼな男とクモ女
⑮月日のたつのははやいものだ
⑯おさきの沼
⑰まわりぶちのくも
⑱両頭庵沼

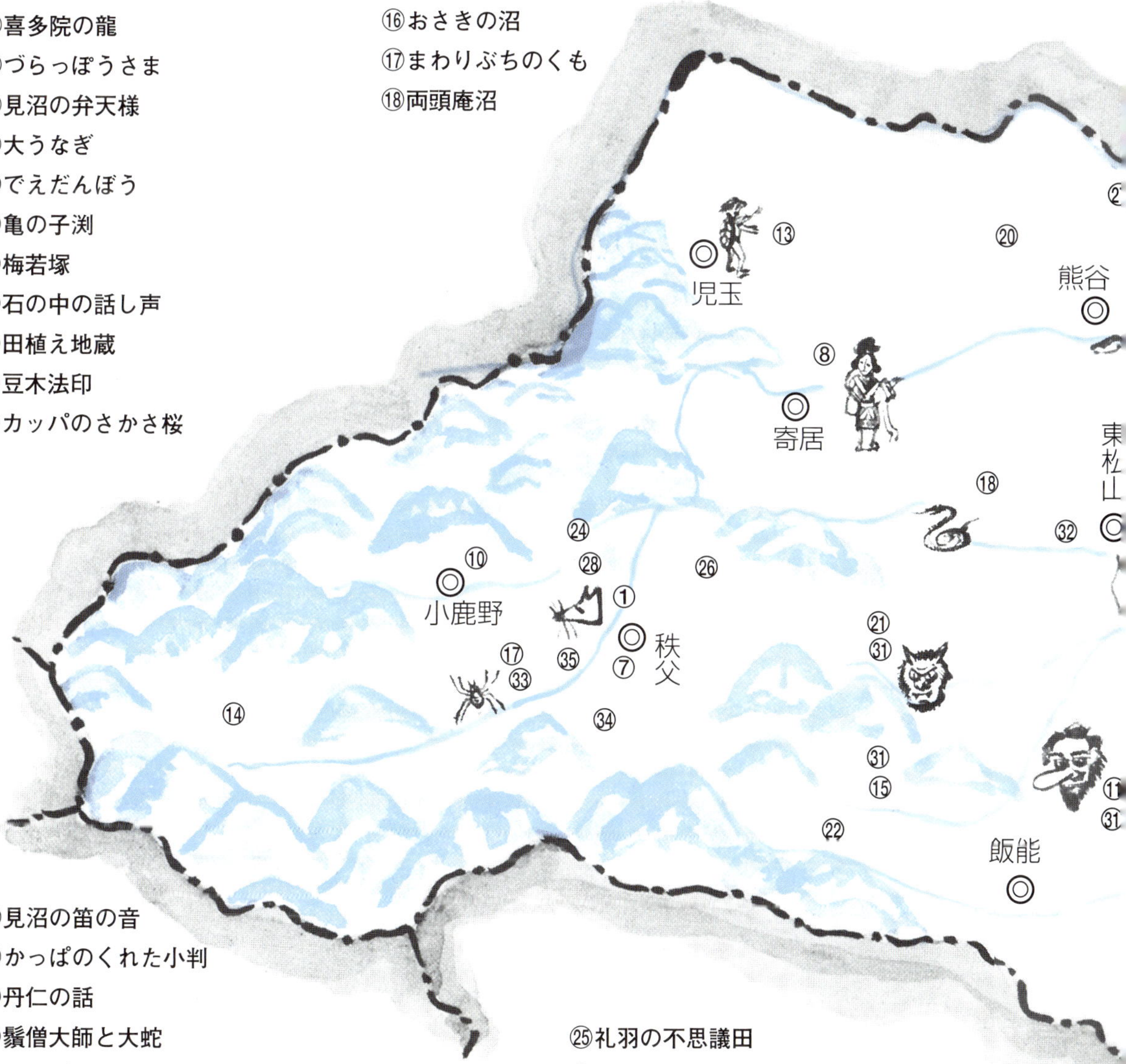


⑲見沼の笛の音
⑳かっぱのくれた小判
㉑丹仁の話
㉒鬚僧大師と大蛇
㉓かっぱの皿
㉔キツネのお礼まいり
㉕礼羽の不思議田
㉖榛名さまのおろち
㉗大杉様の話

# 解《かい》説《せつ》

みなさんは「桃太郎《ももたろう》」や「浦島太郎《うらしまたろう》」のお話はよく知っていますね。これらはむかし話と呼《よ》ばれていることも知っていることでしょう。

ところで、「埼玉のむかし話」ってなんでしょう。もうこの本を読んでわかった人も多いと思いますけれど、このほとんどの話の中に埼玉県《さいたまけん》の村や町の名が出てきましたね。ここにあげた埼玉のむかし話は、みなさんのおじいさんのおじいさん、おばあさんのまたそのおばあさん、ずっとむかしから言い伝《つた》えられてきたお話(民話《みんわ》)を集めたものです。みなさんの住む村や町のお話もあったと思います。笑《わら》い話もありましたね。

ところで、このお話を読んで気づいた人もいると思いますけれど、この中には海の話が一つもありません。——そうです。埼玉は海なし県だから、海の話がないのです。このように「埼玉のむかし話」だから、埼玉としての特徴《とくちょう》がお話にはあるのです。

埼玉県を大きくわけるとすると、東京《とうきょう》にいちばん近い県南地方《けんなんちほう》と、利根川《とねがわ》ぞいの地方、まん中の比企《ひき》や入間《いるま》の丘陵地帯《きゅうりょうちたい》、そして奥武蔵《おくむさし》と秩父《ちちぶ》の山間地《さんかんち》です。これらの地方には、それぞれ特色のあるお話がありますが、この本はその中から三十五編《へん》をあげました。前の地図でもわかるように、お話が秩父や入間地方、県北《けんほく》に多くて、県南は少ないのも埼玉の特色のひとつです。

さて、前に海のことを言いましたが、そのかわり、県内には沼《ぬま》や川に関するお話がたくさんあります。大宮《おおみや》の東のほう、見沼《みぬま》はそのむかし大きな湖沼《こしょう》だったところですが、この見沼には龍《りゅう》が住んでいたと言われ、この本の中にも「見沼《みぬま》の笛《ふえ》の音《ね》」「見沼の弁天様《べんてんさま》」のお話をのせました。このほか、沼では「おさきの沼」「両頭庵沼《りょうとうあんぬま》」などのお話があり、川の話でも、「大うなぎ」の荒川《あらかわ》、「大杉様《おおすぎさま》の話」の利根川のお話をはじめ、「まわりぶちのくも」「亀《かめ》の子渕《こぶち》」などがあります。特にこの「亀の子渕」の龍宮《りゅうぐう》のお話などは、おや、ここにも龍宮があったのかなど想像《そうぞう》できておもしろいですね。龍宮のお話はこのほか秩父や名栗《なぐり》にもあります。

ところで、川や沼に関係《かんけい》ある動物といえば〝かっぱ〟ですけれど、この本にも「カッパのさかさ桜《ざくら》」「かっぱのくれた小判《こばん》」「かっぱの皿《さら》」をあげておきました。埼玉にはかっぱの話が多いようです。その内容《ないよう》も、いたずらしたかっぱが人間につかまり、何かものをおいていったり、教えてくれたりするお話が多く、共通《きょうつう》したところがあるようですね。

沼や川というと、こんどは山の話ということになりますが、山の話も多く語られています。とくに「奥武蔵《おくむさし》の天狗《てんぐ》と鬼《おに》の話」の末太郎《すえたろう》さんのお話や、「天狗《てんぐ》の六べエ」などおもしろいですね。天狗は赤い顔をしていて、鼻が高くて、ときには空中を飛《と》んだりします。大《たい》木《ぼく》をたおしたり、山の中で大声で笑《わら》ったりするなど、ときどき人をおどろかしたりしますが、特に悪いことをする天狗《てんぐ》は少ないようです。

天狗は山の神と関係《かんけい》があるという人もいます。「大杉様《おおすぎさま》の話」の中に山ぶしの天狗が船を救《すく》うところがありますが、川に出てくる天狗はめずらしいですね。

このほか、秩父《ちちぶ》などの山間地《さんかんち》にはキツネの話が多くあります。「キツネのお礼まいり」は老夫婦《ろうふうふ》と親子ギツネの心あたたまるお話です。「おりん狐《ぎつね》」はおぼろ月夜にぬくゆ大芝《おおしば》の狐《きつね》が春のにおいのする野原に出て人をだます楽しいお話ですね。

ところでみなさんは、道ばたの石の地蔵《じぞう》さんを見たことがありますか。地蔵さんはむかしから人々に愛され、親しまれている仏様《ほとけ》です。ですから、地蔵様のお話も各地に数多く語られています。地蔵様は人を救ってくれると言われています。「権八地蔵《ごんぱちじぞう》」は〝ものいい地蔵〟とも呼《よ》ばれ、悪者《わるもの》をこらしめてくれました。

また「田植え地蔵《たうじぞう》」では、いそがしく働《はたら》くお百姓《ひゃくしょう》さんを手伝《てつだ》ってくれました。このように、手伝いをしてくれたり、出歩《であ》いたりする地蔵様のお話も県内には多くあります。

地蔵様に関係の深いお寺にもたくさんのいわれやおもしろい話があります。県内には有《ゆう》名《めい》なお寺も数多くありますが、今から千三百年も前に建《た》てられた天台宗《てんだいしゅう》の寺、都幾川《ときがわ》の慈《じ》光寺《こうじ》には多くの伝説《でんせつ》があり、その中で「丹仁《たんにん》の話」は悲しいお話ですね。また将軍家光《しょうぐんいえみつ》の誕生《たんじょう》の間《ま》を持つ川越《かわごえ》の喜多院《きたいん》にもたくさんの物語が伝わっています。「喜多院《きたいん》の龍《りゅう》」は、寺の鐘《かね》にまつわる二ひきの龍のお話です。

それから、日本各地で『むかし話』と呼ばれて親しまれてきたものも埼玉県《さいたまけん》として古くからあるものをのせました。「けちんぼな男とクモ女」「月日のたつのははやいものだ」「台《でえ》の入《い》りのおろち」「五兵衛《ごへえ》さま」などがそれです。しかし、これらはもう埼玉独自《どくじ》のものとなっていますね。

そのほか、巨人《きょじん》の出てくる話も日本各地にありますが、埼玉では秩父の「でえだんぼう」をのせました。

この本の中のお話は県内の先生方があちこち出かけて行って採集《さいしゅう》したものです。みなさんが、読みやすいようにやさしくしたものもあります。このほか、まだまだたくさんのむかし話があります。みなさんの土地にもさがせばおどろくほどたくさんの話があるにちがいありません。みなさんがこうしたむかし話に興味《きょうみ》を持ってくれることを望《のぞ》みます。

# あとがき

この本は、埼玉県《さいたまけん》の各地で語りつがれてきたむかし話を、なんとかみなさんに知ってほしい、そして、みなさんの手で、つぎの時代に引きついでほしい、という願《ねが》いからつくられたものです。

県下《けんか》の小、中学校の先生方が、おとしよりから、「むかし、むかし、あるところに………。」と話される話を録音《ろくおん》にとったり、ずっと前からそうしたむかし話を集めておられる方から、いろいろと資料《しりょう》をいただいたりして、三、四年生のみなさんにも読みやすいようにやさしく書かれたものです。また、みなさんに読み親《した》しまれ、物語の世界に読みひたることができるように、さし絵もいろいろくふうされています。

小学生のみなさんはもちろんのこと、中学生のみなさんにもぜひ読んでほしいと思います。また、家庭の楽しい読みものとして、家族《かぞく》のみなさんで気安《きやす》く読んでいただきますようおすすめします。

埼玉県には、西部《せいぶ》の山地にも、東南部《とうなんぶ》の平地にも、人々のくらしや願いがこめられたすばらしいむかし話がたくさんあります。その中から、みなさんに読んでもらいたいなと思うものを百五十編《ぺん》ほど集めましたが、紙面《しめん》の制限《せいげん》があって、全部をここに収録《しゅうろく》することができませんでした。たいへん残念《ざんねん》に思います。

収録できなかったものについては、「続・埼玉のむかし話」という形で、みなさんに読んでいただくことができればよいがなとも思っております。

この本を読んだみなさんが、こうしたむかし話に興味《きょうみ》を持ち、土地のおとしよりをたずねてお話を聞き、それらを集めてみたらどうでしょうか。まだまだお話はたくさんありますよ。

最後《さいご》に、この本の発刊《はっかん》にあたりまして、資料提供《しりょうていきょう》、執筆《しっぴつ》、さし絵等にご協力《きょうりょく》いただきました多くの方々、それに、この企画《きかく》に全面的《ぜんめんてき》にご協力《きょうりょく》いただきました株式会社日本標準《かぶしきがいしゃにっぽんひょうじゅん》に対して、心よりお礼を申しあげます。

「埼玉のむかし話」編集委員会・埼玉県国語教育研究会

## ◆『読みがたり　埼玉のむかし話』発行にあたって

一九七三（昭和四十八）年に初版発行された『埼玉のむかし話』は、その後一九九〇（平成二）年には『新装版　埼玉のむかし話』として再発行され、県内の皆様に親しまれてまいりました。このたび、その『埼玉のむかし話』を、よそおいも新たに発行することになりました。発行にあたっては、現代の社会事象に合わせて内容を検討し、文字も大きく読みやすくいたしました。語られたむかし話を丁寧に採話してつくった本ですので、なるべくもとのお話の形をそのままいかして編集しております。『埼玉のむかし話』のかけがえのない特長である「語り」や「方言」の味わいはそのままに、読みやすくなったこの本が、学校やご家庭で広く読まれ、語り継がれていくことを願ってやみません。

埼玉県国語教育研究会『読みがたり　埼玉のむかし話』編集委員会

# 『埼玉のむかし話』編著者・協力者一覧

## ◆新装『埼玉のむかし話』編集協力者

編集委員長　齊藤廣一

再話・編集責任者　内田伝衛　河野勝巳　権頭和夫　根津富夫
山口槌男

再話・編集協力者　池田勝蔵　市川信義　岡田静夫　尾沢武夫
金子文枝　川辺夏生　北原慎一　木村倉之助
木村宗平　小池幹衛　小久保佐一郎　小島熙
五味周太郎　近藤善三郎　斎藤良平　坂本昭二
高木保信　竹内弥太郎　田島民蔵　田村宗順
中居秀二　中里清　西沢順造　松井順子
村上真彦　鎗水十富男　横田進
大久保和生　清原惟千　小松富士男　斎藤政一

さし絵・カット　角田真一　都所壮　根津富夫

（氏名は新装版初版発行時）

## ◆『読みがたり　埼玉のむかし話』編集委員会

編集委員長　塚本喜一郎（埼玉県国語教育研究会長・熊谷市立大原中学校長）
編集副委員長　久保田六生（埼玉県国語教育研究会副会長・越谷市立北越谷小学校長）
奥平昇（〃・川越市立新宿小学校長）
柴田房雄（〃・伊奈町立南小学校長）
田嶋章（〃・熊谷市立玉井中学校長）
鈴木薫（〃・さいたま市立馬宮東小学校長）
編集委員　伊藤秀一（埼玉大学教育学部附属小学校教諭）
田辺鉄章（〃）
淺井大貫（〃）

（氏名・勤務校等は二〇〇五年三月現在）

読みがたり
# 埼玉のむかし話

1973年 12月 10日　『埼玉のむかし話』初版発行
1990年 11月 5日 『新装版 埼玉のむかし話』初版発行
2005年 7月 20日『読みがたり 埼玉のむかし話』初版発行
2011年 4月 5日『読みがたり 埼玉のむかし話』2 刷発行

編著者　埼玉県国語教育研究会 ©
発行者　株式会社　日本標準
　代表者　山田雅彦
発行所　株式会社　日本標準
〒167-0052
東京都杉並区南荻窪3-31-18
TEL 03-3334-2241（代表）
編集協力 制作　有限会社　ポシエム
印刷 製本　株式会社リーブルテック

NDC388／240 P／21cm
ＩＳＢＮ978-4-8208-0143-6
☆落丁・乱丁本はおとりかえいたします。
コード　3020500000111

〈表紙・カバーデザイン〉鶴見　雄一

☆『読みがたり　むかし話』シリーズについてのお問い合わせは
日本標準　郷土文化研究室 ／ TEL：03－3334－2620　FAX：03－3334－2623
E-mail：kyodo@nipponhyojun.co.jp